Die faszinierende Welt der
SCHLANGEN

Für Usha und Mac

© by Copyright, Paris
© der deutschsprachigen Ausgabe: Edition DÖRFLER
im NEBEL VERLAG GmbH, Eggolsheim

Alle Rechte vorbehalten.
Kein Teil des Werkes darf in irgendeiner Form (durch
Fotokopie, Mikrofilm oder ein ähnliches Verfahren) ohne
die schriftliche Genehmigung des Verlages reproduziert
oder unter Verwendung elektronischer Systeme verarbeitet,
vervielfältigt oder verbreitet werden.

Übertragung aus dem Französischen: Dr. Udo Gansloßer
Lektorat: Dieter Krumbach
Umschlaggestaltung: Andreas Dorn

3 4 5 6 7   8 7 6 5 4

Die faszinierende Welt der
SCHLANGEN

Bilder und Text von
JOHAN MARAIS

DÖRFLER

Hier wickelt sich ein Königspython, Python regius (*Kopf rechts*), *um einen Angola-Python* (Python anchietae).

INHALT

6 *Einleitung*

8 *Schlange und Mensch – Kulturgeschichte einer gespannten Beziehung*

12 *Körperbau und Leben der Schlangen*

30 *Schlangenfamilien – systematische Gliederung*

33 *Porträtgalerie*

142 *Register*

Einleitung

Mit neun Jahren fing ich meine erste Schlange. Es war auf unserem Besitz in Durban, an der Küste Südafrikas. Ich hob einige Bretter an, und darunter befand sich eine bräunliche Schlange von ca. 30 cm Länge. Erschrocken rollte sie sich ein und fauchte mich aus dieser Verteidigungsstellung an, ohne mir etwas Böses anzutun. Es kostete mich einige Minuten, sie in eine kleine Holzkiste zu verfrachten. Stolz präsentierte ich meine Beute meinen Eltern. Doch zu meiner großen Enttäuschung befahl mir meine Mutter, sie zu töten. Sie wurde auf einem Rasenstück freigelassen, und ich schlug ihr mit einem Beil den Kopf ab. Ich werde den Anblick des groß aufgerissenen Maules nie vergessen, wie es vergeblich nach Luft schnappte, obwohl es längst vom Rest des Körpers getrennt war.

Im Laufe der folgenden Jahre verbrachte ich die Schulferien regelmäßig auf dieser Besitzung, in Begleitung meiner Freunde und Cousins. Dabei machte ich nun öfter Bekanntschaft mit diesen Reptilien und lernte sie nach und nach auch besser kennen. Ich brachte die Schlangen, die ich fing, in das Vivarium des Ortes, um sie bestimmen zu lassen, und ab und zu gab mir der Direktor Geld für einige Exemplare, die ihm interessant schienen. Mit der Zeit konnte ich so mein Taschengeld aufbessern.

Mit dem Fahrrad brauchte ich zu meinem bevorzugten Fanggebiet in den Hügeln um Durban etwa eine Stunde. Wir wußten, daß morgens viele Schlangen, sogar große Schwarze Mambas, ihre Schlupfwinkel zwischen den Felsen und Erdspalten verließen, um auf Nahrungssuche zu ziehen. Die Schwarze Mamba verbrachte den Rest des Tages auf einem Felsen oder in den Ästen eines Busches und wärmte sich in der Sonne. Eine leichte Beule am Bauch zeigte dann an, daß die Jagd erfolgreich gewesen war. Ausgewachsen können diese Tiere immerhin 3-4 m lang werden. Ihre Giftdrüsen produzieren große Mengen eines schnell wirkenden tödlichen Nervengiftes. Die Beutetiere, vor allem Schliefer – kleine, kolonielebende Huftiere, die wie große Meerschweine aussehen und sehr häufig in felsigen Gebieten vorkommen – sterben dann meist in wenigen Minuten.

Bei unseren Streifzügen durch den hohen Pflanzenbewuchs, stets langsam und vorsichtig, konnten wir unsere Herzen bisweilen recht heftig klopfen hören. Trotzdem war die Aussicht auf etwa 10 Mark für 30 cm Schlange Anreiz genug, denn eine große Mamba brachte etwa 100 Mark – damals der Preis eines hervorragend erhaltenen gebrauchten Fahrrades.

Im Laufe der Jahre wollte ich mehr und mehr über Schlangen in Erfahrung bringen. Man holte mich oft, um sie in Gärten und Häusern, Geflügelställen, Gebäuden und sogar Geschäftshäusern zu fangen. Mit 22 Jahren trat ich als Assistent ins Vivarium ein. Ich hatte noch viel zu lernen, genau wie mein Chef. Nicht immer handelten wir mit der gebotenen Vorsicht beim Umgang mit Giftschlangen.

Innerhalb von sechs Monaten wurde ich von etlichen der Kriechtiere gebissen, u.a. von einer Schwarzen Mamba, einer Boomslang, einer Kobra und einer Ringhalskobra. Viermal mußte ich auf die Intensivstation des Krankenhauses. Bei mehreren Gelegenheiten im Laufe der Jahre erhielt ich Serum. Bisher ging immer alles gut aus.

Aber erst kürzlich wurde mir wirklich bewußt, wie gefährlich ein Schlangenbiß sein kann. Ich arbeitete auf einer Farm im eindrucksvollen Tal von Mille Collines in Südafrika. Einer meiner jungen Kollegen, Crawford Coulson, wurde von einer großen Schwarzen Mamba in den Oberschenkel gebissen. Die Zähne der Schlange drangen tief ein, verhakten sich, und er mußte sie erst mühsam entfernen. Zu meiner großen Überraschung schien Crawford keineswegs beunruhigt – schließlich galt ich ja als Spezialist für Schlangen und deren Gifte. Bei dieser Gelegenheit aber war mein Wissen ihm keine große Hilfe. Innerhalb von zehn Minuten bekam mein Kollege Atembeschwerden und heftige Schweißausbrüche. Er mußte dringend ins Krankenhaus. Wenig später kämpften wir uns durch das Verkehrsgewühl des Samstagvormittag, wobei ich, um die Bahn frei zu bekommen, die Warnblinker anschaltete und die Hupe im Dauerton blockierte – Crawford verlor nämlich schon das Bewußtsein. Schließlich erreichten wir eine halbe Stunde nach dem Unfall das Krankenhaus. In letzter Sekunde! Vier Stunden kämpften die Ärzte und Pfleger um sein Leben. Zwei Wochen später erschien er wieder – vollkommen gesund und zu meiner großen Überraschung bereit, wieder weiter zu arbeiten.

Der Autor Auge in Auge mit einer Ägyptischen Kobra (Naja haje). Von einer Vertreterin dieser Art ließ sich Kleopatra beißen, um Selbstmord zu begehen.

Schlange und Mensch – Kulturgeschichte einer gespannten Beziehung

Schlangenbeschwörer mit Indischer Kobra (Brillenschlange, Naja naja). Im Gegensatz zu den Legenden reagieren Schlangen nicht auf die Musik, sondern auf die Bewegungen des Musikinstrumentes, das gleichmäßig und langsam hin und hergeschwenkt wird.

In allen Zeiten wurden die Schlangen von Menschen als schleichende, aggressive Kreaturen angesehen, ja man sah in ihnen die Verkörperung von Gottheiten des Unglücks und des Todes. Man verfolgte, tötete und – verehrte sie. Der Volksglaube schrieb ihnen unheilbringende Kräfte zu und verwandelte sie in Monster und Ungeheuer. Bis heute noch können viele Menschen den Anblick einer Schlange, selbst des Bildes einer Schlange im Fernsehen, nicht ertragen.

Im Alten Testament wird berichtet, wie der Teufel in Gestalt einer Schlange zu Eva spricht. Sie soll von den Früchten des verbotenen Baumes der Erkenntnis pflücken. Sie naschte daraufhin von der verbotenen Frucht und gab auch Adam davon. Von da an waren die Menschen der Mühsal und dem Tod verfallen. Aber auch die Schlange wurde bestraft. Gott verfluchte sie und verurteilte sie zur Feindschaft mit den Menschen.

Im Kapitel Exodus verlangt der Pharao ein Wunder von Moses und Aaron. Aaron wirft daraufhin seinen Stab dem Pharao zu Füßen, und der Stab verwandelt sich in eine Schlange.

Die Schlange verkörperte auch den Satan. In der griechisch-dionysischen Kultur dagegen wurden Schlangen als Symbole von Fruchtbarkeit und Kraft verehrt. Zu Zeiten des Römischen Reiches wurden Schlangen in besonderen Kammern gehalten. Sie waren heilig und wurden von den Vestalinnen versorgt. Wenn eine Schlange keine Nahrung nehmen wollte, galt dies als Beweis, daß die zuständige Vestalin ihr Keuschheitsgelübde gebrochen hatte. Die Priesterin war dem Tode geweiht.

Nach der Legende erhielt Buddha die Offenbarung des echten Buddhismus vom König der Schlangen. Man nimmt an, daß damit die Königskobra, *Ophiophagus hannah*, gemeint ist.

Nur wenige Kulturen auf unserer Erde haben keine Schlangensymbolik. In Frankreich und Spanien sind Schlangen auf Höhlenmalereien dargestellt. Die Buschmänner, ein kleinwüchsiges Jäger- und Sammlervolk in Südafrika, jagen sie noch heute. In Australien findet man sie in den Rindenmalereien der Aborigines, der Ureinwohner – zum Teil in dem für manche Stämme typischen „Röntgenstil", bei dem Skelett und innere Organe wie auf einer Röntgenaufnahme dargestellt sind.

Menschen sind und waren zu allen Zeiten von diesem Tier fasziniert. Vielleicht ist es seine wie Zauberei wirkende Fähigkeit, blitzschnell zu erscheinen und zu verschwinden. Oder vielleicht ist die Fähigkeit, sich so auffallend zu häuten, der Grund. Eine scheinbare Wiedergeburt in neuer, farbenfroher Weise.

Unser Jahrhundert hat auch sein Gutteil an falschen Vorstellungen und Vorurteilen diesen Tieren gegenüber. Weit verbreitet und ein Hauptgrund für die Abneigung vieler Menschen ist die Vorstellung, daß Schlangen glitschig, klebrig und schleimig seien. Sicher – ihre Haut glänzt und schillert, aber sie ist vollkommen trocken und angenehm zu berühren. Wie bei Anglern, wenn sie von ihrem Fang sprechen, wird auch von Leuten, die von Schlangenbegegnungen berichten, die Größe, vor allem die Länge der Tiere, weit übertrieben. Ein oft verbreitetes Gerücht besagt, daß Schlangen nachts an Kuheuter kriechen und die Milch heraustrinken würden. Eine Schlange kann jedoch gar nicht saugen, und sie kann auch keine großen Flüssigkeitsmengen aufnehmen. In der Natur trinken Schlangen niemals Milch. Selbst wenn sie es versuchten, würden ihre Zähne den Kühen äußerst schmerzhafte Verletzungen zufügen.

In Abenteuergeschichten stecken sie ihren Schwanz ins Maul und rollen auf der Jagd nach Mensch und Tier wie Autoreifen dahin, oder sie lassen sich von Ästen auf die darunterliegenden Pfade hängen. In Wirklichkeit jagen Schlangen keine Menschen als Beute, und sie können auch keine hohen Geschwindigkeiten erreichen.

Ihre durchsichtigen, über dem Auge verwachsenen Lider, die sogenannte Brille, verleihen ihnen einen starren Blick. Viele Menschen glauben, daß dieser Blick Beutetiere, auch Menschen, hypnotisieren könne. Auch das ist völliger Unsinn. Das sprichwörtliche Kaninchen vor der Schlange ist nicht hypnotisiert. Es sitzt deshalb völlig ruhig, weil viele Schlangen eine unbewegte Beute schwer wahrnehmen können. Also durchaus ein eventuell lebensrettendes Verhalten!

Kinder bis zu drei Jahren haben keinerlei Angst vor Schlangen. Diese entwickelt sich erst später, wenn ihre Eltern oder andere Menschen sie warnen. Übrigens scheint ähnliches für Schimpansen zu gelten. Auch dort sind Erwachsene gegenüber Schlangenattrappen viel vorsichtiger.

Die meisten Menschen wissen praktisch nichts über diese faszinierenden Kreaturen, und nur selten trifft man jemanden, der sie schätzt und versteht.

Eva mit der verbotenen Frucht und der Schlange, die sie erfolgreich zur Gesetzesübertretung verführt.

STAMMESGESCHICHTE DER SCHLANGEN

Der stammesgeschichtliche Ursprung der Schlangen liegt noch weitgehend im Dunkel. Ihr Skelett und ihre zerbrechlichen Schädel widerstehen den Naturgewalten schlecht, und die Paläontologen finden deshalb nur wenige Versteinerungen von Schlangen.

Die ersten Reptilien überhaupt sind im Unterkarbon aufgetreten, vor etwa 300 Millionen Jahren. In evolutionsgeschichtlichen Zeiträumen gedacht, war es ein recht plötzliches Erscheinen, das wahrscheinlich von großklimatischen Veränderungen zu jener Zeit bedingt wurde. Die Austrocknung der Sümpfe hatte einen entscheidenden Einfluß auf das Leben der Amphibien.

Pflanzenfresser waren auch zu Beginn des Perms, vor etwa 260 Millionen Jahren, noch nicht aufgetreten. Zu dieser Zeit aber begann die Blütezeit der Reptilien: Man vermutet das Auftreten der ersten Eidechsenartigen vor etwa 250 Millionen Jahren. Die ersten Säugetiervorfahren entstanden – wahrscheinlich schon behaart. Ihre erste Blüte war aber nur kurz, denn in Trias und Jura erschienen die Dinosaurier. 140 Millionen Jahre lang beherrschten diese Tiere (die keinesfalls alle riesig waren) die Erde. Am Ende der Kreidezeit verschwanden sie, und bis heute werden viele Hypothesen diskutiert, warum dies geschah – keine davon vermag für sich allein zu überzeugen.

In der Kreidezeit erschienen auch die ersten Vorläufer der Schlangen. Fossile Schlangen aus dieser Zeit kennt man aus Nordafrika. Eines der ältesten Schlangenfossile, man schätzt es auf 100 Millionen Jahre, stammt aus Algerien. Es ist noch unklar, ob sie in der Oberkreide oder schon im Unterjura, also vor bis zu 155 Millionen Jahren, auftraten.

Viele Schlangen, die zu Zeiten der Dinosaurier lebten, sahen nicht anders aus als heutige. Riesenpythons mit mehr als 15 m Länge verschwanden zu Beginn des Tertiärs. In den ersten zwei Abschnitten des Tertiärs, vor 23 bis 65 Millionen Jahren, wurde die Schlangenwelt von kleinen Arten beherrscht, auch wenn diese Pythonverwandte waren.

Zu Beginn des Tertiärs, vor 35 bis 53 Millionen Jahren, erschienen die *Colubridae*, die Nattern. Im Verlauf des Miozäns, bis vor 20 Millionen Jahren, kühlte das Klima stark ab. Die Riesenschlangen verloren ihre Vorherrschaft. Die ersten Vorfahren der Vipern traten im Miozän, vor 21 bis 23 Millionen Jahren, auf, gefolgt von den ersten Elapiden vor etwa 18 Millionen Jahren. Manche Forscher glauben, daß die Colubriden zunächst alle giftig waren und diese Eigenschaft später im Lauf der Evolution verloren haben.

Die meisten Fachleute sind sich einig, daß die Schlangen von grabenden Eidechsenartigen aus der Verwandtschaft der Warane abstammen. Aber das wahre Bindeglied wurde noch nicht gefunden. Man nimmt an, daß sie die Beine, die ihnen beim unterirdischen Leben nur hinderlich waren, als erstes verloren. Später wurden auch die Ohren reduziert. Statt dessen können Schlangen die Schallwellen über den Unterkiefer aufnehmen, und der Gehörknochen leitet ihn vom Kieferapparat direkt zum Innenohr. Schließlich verschwanden auch die Augen, die unter der Erde keine große Bedeutung hatten. Als die Schlangen später in ihrer Stammesgeschichte wieder ans Licht kamen, mußten sie die Augen wieder entwickeln. Deshalb sind manche Merkmale im Auge der Schlangen, z.B. der Mechanismus der Nah/Ferneinstellung, ganz anders als bei den anderen Reptilien.

Noch heute haben einige Schlangen, z.B. Pythons und Boas, Reste von Hinterextremitäten als Beweis ihrer Herkunft – wenn auch äußerlich nur als hornige Erhebungen an der Schwanzbasis zu sehen.

Etwa 3000 Arten von Schlangen besiedeln heute die Erde. Man findet sie in fast allen Lebensräumen, in Wüsten wie im Regenwald und in den großen Meeren.

Dieses Fossil einer Erdnatter (Elaphe obsoleta) *ist 10 000 Jahre alt. Es stammt aus Florida und ist im dortigen Naturkundemuseum ausgestellt.*

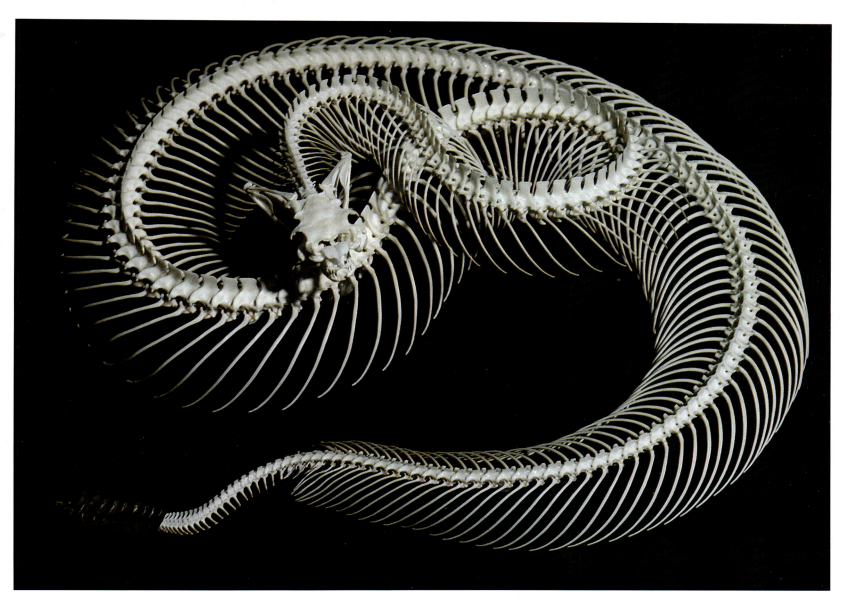

Skelett einer Diamantklapperschlange (Crotalus adamanteus) *in Verteidigungsstellung.*

Körperbau und Leben der Schlangen

WINTERRUHE

Entgegen landläufiger Meinung ist das Blut der Schlangen nicht generell „kalt". Die Tiere besitzen wie alle Reptilien lediglich keine Möglichkeit, ihre Körpertemperatur selbst zu regulieren, sind also auf Wärme aus ihrer Umgebung angewiesen, um die Körperfunktionen, z.B. für Stoffwechsel und Bewegung, aufrechtzuerhalten. Daher ist der Ausdruck „ektotherme Tiere" angemessener als „Kaltblüter".

In Gegenden mit starken Klimaschwankungen zwischen Sommer und Winter überwintern Schlangen daher solange, wie die kalte Umgebung dies erfordert. Während des Sommers speichern sie Energie als Fettvorräte für den Winter. Im Herbst verbringen sie, vor Beginn der Überwinterung, viel Zeit mit Sonnenbaden. Schließlich suchen sie ihre Überwinterungsplätze, oftmals regelrechte „Schlangengruben" auf.

Vielfach finden wir Tiere mehrerer Arten, ob giftig oder ungiftig, zur Überwinterung an der gleichen Stelle; es können Tausende sein (z.B. bei der Amerikanischen Strumpfbandnatter). Während der Überwinterung müssen die Tiere von ihren Fettvorräten zehren. Wer nicht genügend hat, überlebt nicht. Es ist jedoch falsch zu glauben, daß sie die ganze Zeit schlafen. Sie sind nur durch die Kälte weitgehend erstarrt. Herztätigkeit und Atmung sind sehr verlangsamt und können für kurze Zeit sogar aussetzen. Alle Körperfunktionen sind reduziert. Pro 10 °C Temperaturabfall werden alle körpereigenen Enzymaktivitäten und sonstigen biochemischen Vorgänge um gut 50% reduziert. Sinkt die Umgebungstemperatur aber unter 4 °C, so sind die meisten Schlangen verloren.

Auch sehr große Sommerhitze kann ihnen gefährlich werden. Sie verbringen dann eine Sommerruhe unter der Erde, genau wie bei Dürre.

Das Auge einer Königskobra (Ophiophagus hannah) *in Großaufnahme. Deutlich zu erkennen ist die runde Pupille.*

Senkrecht-schlitzförmige Pupille der Braunen Hausschlange, einer nachtaktiven Art.

GESICHTSSINN

Schlangen sehen sehr scharf, aber meist können sie unbewegte Objekte nicht wahrnehmen. Ich habe oft beobachtet, wie sie vergeblich und „hektisch" nach ihrer Beute suchten, wenn diese unbeweglich blieb. Die alte Weisheit, daß man unbeweglich stehenbleiben soll, wenn man einer Schlange begegnet, hat also ihren Grund. Tagaktive Schlangen haben meist runde Pupillen, solche, die nachts jagen, dagegen längliche. Sie können diese dann sehr weit öffnen und damit auch geringe Lichtmengen noch aufnehmen. Im allgemeinen können nur tagaktive Schlangen Farben unterscheiden. Da Schlangen keine beweglichen Augenlider besitzen, können sie natürlich auch die Augen nicht schließen. Die Lider sind nämlich über dem Auge verwachsen und durchsichtig geworden – eine der Anpassungen ihrer unterirdisch lebenden Vorfahren. Auch die Nah- bzw. Ferneinstellung der Augenlinse ist anders geregelt: Während andere Reptilien die Linse verformen und so ihre Brechkraft ändern, wird bei Schlangen die Linse vor- und zurückgeschoben.

Nachdem sie ihre Beute geortet hat, nimmt die Mangrovenschlange (Trimeresurus purpureo-maculatus) *die S-förmige Haltung zum Zuschlagen ein.*

Junger Felsenpython (Python sebae). *Deutlich sind die Grubenorgane als Vertiefungen am oberen Mundrand zu sehen*

WÄRMESINN

Bestimmte Arten wie Klapperschlangen, Mokassinschlangen oder auch Riesenschlangen besitzen Wärmesinnesorgane in Form von Gruben mit wärmeempfindlichen Nervenendigungen. Bei den Grubenottern liegen diese zwischen Auge und Nasenöffnung. Bei diesen ähneln sie schlitzförmigen Vertiefungen. Diese Wärmesinnesorgane können feinste Änderungen der Umgebungstemperatur (weit unter 1 °C) wahrnehmen, desgleichen Infrarotstrahlen. Zugleich wirken sie wie Augen, d.h. auch die Richtung der Wärmequelle kann geortet werden. Schlangen können damit warmblütige Beutetiere in absoluter Dunkelheit finden, auch wenn die Beute verborgen ist. Aber nicht nur Beute kann so gefunden werden. Die Schlange erstellt ein regelrechtes Wärmebild von ihrer Umgebung und kann zielgerichtet und ohne vorheriges Ausprobieren zustoßen.

CHEMISCHE SINNE

Die zweispitzige Zunge der Schlange kann weder etwas ergreifen noch aufspießen. Sie dient nur einem besonders gut entwickelten chemischen Sinnesorgan als Hilfe. Die Zunge wird durch eine Spalte an der Maulspitze ausgefahren und tastet die Umgebung ab. Geruchsstoffe, die an ihr haften bleiben, werden dann im Jacobsonschen Organ im Munddach abgeladen und wahrgenommen. Dieses Organ sitzt in einer zweiteiligen Tasche am Gaumendach. Mit ihm kann die Schlange wichtige Informationen aus der Umgebung aufnehmen.

Texas-Klapperschlange (Crotalus atrox) *beim Züngeln. Man beachte die Grubenorgane zwischen Augen und Mundrand.*

SCHUPPEN

Die Körper aller Schlangen sind von einer Haut überzogen, die von stabilen, wasserundurchlässigen Hornschuppen unterlagert ist. Diese schützen die Schlange vor Austrocknung, Verletzung und Infektion. Größe und Form der Schuppen variieren dagegen zwischen den Arten. Pythons und Boas haben zahlreiche übereinanderliegende, glatte Schuppen. Diejenigen der Vipern sind dachziegelartig übereinandergelagert, Mambas und Kobras haben große, glatte. Baumlebende Schlangen haben oft auf der Bauchseite große, rechteckige Schuppen, die mit ihren Rändern in Rinde oder andere Unebenheiten gespreizt werden können. So verhindern sie das Abrutschen.

Die Mehrzahl der Vipern wie auch manche andere Arten haben stark gekielte Schuppen.

Die Schuppen der Kobras und Mambas sind dagegen glatt.

Besonders große, glatte Schuppen charakterisieren die Mehrzahl der Pythons und Boas.

HÄUTUNG

Die oberste Hautschicht der Schlangen wird stark beansprucht und abgenutzt. Sie wird daher regelmäßig durch eine darunter gebildete, identisch gemusterte Hautschicht ersetzt. Die Zahl der Häutungen ist von vielen Faktoren abhängig: Junge Schlangen in gutem Zustand können sich etwa 15mal pro Jahr häuten, ausgewachsene dagegen nur noch zwei- bis dreimal. Ist die Haut verletzt, häutet sich das Tier nach einer kürzeren Zeitspanne als normal.

Der ganze Vorgang dauert etwa zwei Wochen. Das erste Anzeichen sieht man an den Augen: Sie werden milchigtrüb. Grund dafür ist, daß die verwachsenen Lider mit gehäutet werden. Genau wie am übrigen Körper beginnt die Vorbereitung zur Häutung dadurch, daß zwischen alter und neuer Haut eine Flüssigkeit abgeschieden wird – daher die Trübung. Nach etwa zehn Tagen verschwindet die Trübung. Die Schlange reibt nun die Schnauze an irgendeinem Gegenstand, bis die Haut dort platzt. Sie gleitet regelrecht durch diese Öffnung hinaus. Die alte Haut bleibt wie ein Strumpf zurück.

Von Beginn des Aufplatzens am Maul dauert der Vorgang noch einige Stunden. Zu dieser Zeit sieht die Haut am farbenprächtigsten aus. Da oft vor dem Abstreifen der Haut mehrere Hautfetzen am Kopf kronenartig abstehen, spricht der Volksmund von „Schlangenkönigen". Die alte, abgestreifte Haut heißt „Natternhemd".

Meist erfolgt eine Häutung zu besonderen Zeiten im Leben der Schlangen, z.B. vor der Winterruhe oder bei weiblichen Tieren vor der Eiablage.

Natternhemd der Gabunviper (Bitis gabonica) *nach der Häutung.*

VERTEIDIGUNG

Den Schlangen stehen viele Verteidigungsmöglichkeiten zur Verfügung. Viele sind sehr gut getarnt. Andere ergreifen bei geringsten Störungen die Flucht, manche stellen sich tot, um dann im passenden Moment zuzustoßen.

Kobras richten sich auf und spreizen den Kragen, durch den sie größer und beeindruckender aussehen. Manche Kobras können ihr Gift zielsicher über 2 m weit verspritzen. Auf der unverletzten Haut ist dieses Gift völlig ungefährlich, aber sie verstehen es, genau die Augen zu treffen, und dort löst es eine heftige Reizung und kurzzeitige Erblindung aus – Zeit genug für die Schlange zu verschwinden. Andere giftige, aber auch ungefährliche, blähen den Hals auf, wenn sie gestört werden, und zeigen dabei ein auffallendes Farbmuster, das im Ruhezustand zwischen den Schuppen verborgen ist. Dabei wird oft das Maul aufgerissen und angriffslustig gezischt. Bei Klapperschlangen bleibt nach jeder Häutung ein Hautring am Schwanz stehen. Bei Erregung vibriert die Schwanzspitze schnell hin und her, dadurch wird ein rasselndes Geräusch erzeugt. Dies genügt im Allgemeinen, um Mensch und Tier in die Flucht zu schlagen. Zubeißen ist für Schlangen, selbst hochgiftige, nur der letzte Ausweg.

OBEN: *Eine Mosambik-Speikobra* (Naja mossambica) *spritzt ihr Gift gegen einen Angreifer. Sie spreizt ihr Halsschild – ein Zeichen, daß sie sich bedroht fühlt.*

LINKS: *Nach jeder Häutung bleibt am Schwanz der Klapperschlangen ein neuer Ring. Dies geht solange, bis sie abbrechen oder abreißen.*

FÄRBUNG

Die Farbmuster der Schlangen sind verschieden je nach Art und Lebensraum. Während viele Arten unauffällig gefärbt sind, findet man bei anderen prachtvolle Zeichnungen. Die Farben können sich im Laufe des Lebens der Schlangen ändern – Jungtiere haben oft buntere Muster als ihre Eltern. Bei der Gattung *Pseudaspis* z.B. wechselt die Farbe von Schwarz bis Braun, Orange und Hellbraun. Zugleich findet man Zickzackmuster am Rücken, von Flecken durchsetzt. Selbst die Angehörigen einer Art können im Farbmuster variieren, was natürlich die Identifikation besonders erschwert. Die Boomslang (*Dispholidus typus*) ist dafür ein hervorragendes Beispiel. Alte männliche Tiere sind im allgemeinen leuchtend grün mit schwarzen Zwischenräumen zwischen den Schuppen. In manchen Gegenden geht die Farbe der Haut von Schwarzbraun am Rücken in Dunkelgrau am Bauch über, aber man findet auch rötliche Vertreter. Die Farbe der weiblichen Tiere reicht von Hellbraun bis Olivgrün, der Bauch von Weißlich bis Braun, brauner Kopf und Kehlregion von lebhaft Gelb bis Orange. Die großen Augen schimmern smaragdgrün. Ähnlich variabel ist die Färbung bei der Kapkobra (*Naja nivea*), einer südafrikanischen, tödlich giftigen Art. Sie kann schwarz über kräftig braun bis lebhaft orange mit kräftig gelben Flecken gefärbt sein. Die Jungtiere haben eine breite dunkle Binde an der Kehle.

TARNFARBEN

Schlangen vermeiden wie viele andere Tiere Entdeckungen durch Störenfriede. Viele Arten haben deshalb Tarnfarben, mit deren Hilfe sie vor dem Hintergrund verschwinden. Baumlebende Arten, z.B. die Blattgrüne Mamba (*Dendroaspis angusticeps*) aus Afrika, sind oft einfarbig grün, so daß sie im Blattwerk nicht auffallen. Die Smaragdboa (*Corallus caninus*) aus Südamerika hat das vorherrschende Grün noch durch eingestreute Flecken aufgelöst. Wüstenlebende Schlangen sind oft gelblich in Farbeneinklang mit dem Sand. Eine der am besten getarnten Schlangen ist die Afrikanische Lianenschlange (*Thelotornis spec*), auch Zweigschlange genannt. Nicht nur die Färbung, auch Länge und geringer Durchmesser des Körpers täuschen faszinierend genau ein Zweiglein oder eine Liane vor, so daß die Schlange extrem schwer zu entdecken ist. Bewundernswert getarnt durch ein Mosaik von pastellfarbenen Flecken ist auch die Gabunviper (*Bitis gabonica*) im Blattwerk des Waldbodens. Wie bei vielen tarnfarbenen Arten wirkt das Muster jedoch sehr bizarr, sobald man das Tier aus seinem natürlichen Lebensraum entfernt. Während viele Schlangenarten ihre Tarnfärbung nutzen, um den ganzen Tag still und unbemerkt zu liegen, pirschen sich andere im Schutz des Musters an ihre Beute heran.

Dieser Hühneresser (Spilotes pullatus) *sucht Nahrung im tropischen Wald.*

Die Smaragd- oder Grüne Hundskopfboa (Corallus caninus) *sieht hier sehr auffallend aus. Sie ist aber perfekt an das Spiel der Farben im Blattwerk eines Baumes angepaßt.*

MIMIKRY

Eine weitverbreitete Erscheinung in der belebten Natur ist, daß ungefährliche Arten das Aussehen und die Lebensgewohnheiten gefährlicher Arten nachahmen, um so von ihren Feinden unbehelligt zu bleiben. Die Königsnattern und Milchschlangen der Gattung *Lampropeltis* ahmen in Amerika die hochgiftigen Korallenschlangen nach: Beide haben abwechselnd rote, gelbe und schwarze Querbinden. Man findet sie oft auch unter denselben Felsbrocken. Bei den meisten echten Korallenschlangen stoßen die roten Binden an die gelben, bei den Milchschlangen an die schwarzen. Die Graugebänderte Königsnatter *(Lampropeltis alterna)* aus Südwest-Texas und Nord-Mexiko ähnelt der Felsenklapperschlange *(Crotalus lepidus)*. In Afrika ahmt die harmlose Eierschlange *(Dasypeltis scabra)* die gefährliche Pfeilotter *(Causus rhombeatus)* nach. Sie hat ein ähnliches Rautenmuster und ein V-Muster fast wie die Viper auf dem Kopf. Die Mundschleimhäute der Viper sind schwarz. Diese stellt sie bei Bedrohung zur Schau genau wie die tödlich giftige Schwarze Mamba *(Dendroaspis polylepis)*. Die ungefährlichen Buschschlangen der Gattung *Philothamnus* bewohnen oft das gleiche Gebiet wie die Grüne Mamba und sehen ihr sehr ähnlich. Hier ist aber nicht sicher, ob es sich dabei um Nachahmung oder nur eine Tarnfärbung handelt.

WARNFARBEN

Um sich nicht auf das Risiko einer Auseinandersetzung einzulassen, besitzen manche Schlangen eine auffallende Warnfärbung, wie wir sie auch von vielen anderen Tieren (Insekten, giftigen Meerfischen und marinen Wirbellosen, Pfeilgift-Fröschen), sogar von Pflanzen kennen. Die amerikanischen Korallenschlangen *(Micrurus spec)* sind unter den warnfarbenen Arten am bekanntesten. Ihr Körper ist mit einem auffallenden Bandenmuster in lebhaftem Rot, Gelb oder Weiß abwechselnd mit Schwarz bis Braun oder Grau umzogen. Da alle eventuellen Feinde dieses Muster meiden, kann die Schlange sich tags völlig offen und ungefährdet sonnen. Nachts dagegen schützt sie ihr Muster, etwa gegen Eulen, keineswegs.

FORTBEWEGUNG

Der lange Körper ohne Beine hindert die Schlangen keineswegs, sich ebenso geschickt und flink zu bewegen wie die vielen anderen beintragenden Tiere.

Hier einige Beispiele für Bewegungstypen: Das **seitliche Schlängeln** beherrschen fast alle Arten, vor allem auf der Jagd oder bei Gefahr. Die Schlange legt ihren Körper in Form eines großen S und bewegt sich vorwärts, indem sie die Krümmung wellenförmig über den Körper nach hinten laufen läßt und sich zugleich am Boden bzw. seitlichen Unebenheiten abstützt. Im Verlauf der Vorwärtsbewegung wird jeder Punkt des Körpers nacheinander auf dieselbe Stelle gelegt. Diese Fortbewegung ist im Unterholz, auf steiniger oder sonstwie unebener Oberfläche sehr effektiv, und je länger und dünner die Schlange ist, desto schneller kommt sie voran.

Geradlinige oder **lineare Fortbewegung**: Dies ist vor allem die Fortbewegung der Schlangen mit schwerem massivem Körper wie Boas, Pythons und große Vipern. Die großen, querliegenden Bauchschilder werden in kleinen Gruppen aufgestellt und in Unebenheiten verhakt. Dies geschieht durch spezielle Muskeln, die von den Rippen zur Haut bzw. Schuppenbasis verlaufen. Jeweils im Körperabschnitt vor der gerade verhakten Schuppengruppe wird die bauchseitige Muskulatur gestreckt und damit der Körper vorgeschoben, im Bereich dahinter verkürzt und damit nachgezogen. Die Schlange kommt dadurch wie eine Raupe voran. **Seitenwinden**: Vor allem Wüstenschlangen aus Nordamerika und Afrika benützen diese Fortbewegung. Die Schlange hebt

Die Namibviper (Zwergpuffotter, Bitis peringueyi) bewegt sich auf dem heißen Wüstensand durch Seitenwinden fort. Der Rumpf wird nach der Seite umgelegt und hinterläßt die typischen, spazierstockförmigen Spuren.

den Kopf und die vordere Rumpfpartie, biegt diesen Körperteil seitlich und legt ihn dort wieder auf den Sand. Als nächstes wird der dahinterliegende Körperabschnitt angehoben, zur Seite gebracht und hinter den schon hingelegten Vorderteil abgelegt. Die Fortbewegung erfolgt damit im rechten Winkel zur Körperlängsachse. Während eines Bewegungszyklus sind, sobald der Kopf auf die neue Spur gelegt wurde, immer zwei Körperabschnitte am Boden, und der dazwischenliegende wird angehoben und zur Seite geschwenkt. Charakeristisch sind die parallelen, spazierstockförmigen Spuren im Sand quer zur Fortbewegungsrichtung. Einer der Vorteile dieser Bewegung ist, daß die Zeit, die der Körper auf den heißen Sand gepreßt wird, verkürzt ist.

Ziehharmonikabewegung: Diese Fortbewegung ist sehr langsam, aber bisweilen nötig. Die Schlange streckt ihren Kopf ganz nach vorn, verankert ihn und zieht den Rumpf nach. Dabei legt sie den Rumpf in ein bis mehrere querliegende Schlingen. Diese werden dann beim nächsten Streckvorgang als Widerhaken genutzt und verankern die Schlange, während der Körper wieder vorgeschoben wird. Mit dieser Bewegung werden Bäume und glatte, geneigte Flächen erklommen.

Graben: Manche Schlangen sind an eine unterirdische Lebensweise angepaßt. Sie vermögen in Gängen zu kriechen, wo sie sich an der Wand abstützen. Gute Beispiele sind die Blind- und Wühlschlangen. Viele grabende Schlangen haben einen keilförmigen oder zugespitzten Kopf, der gut die lockere Erde durchstoßen kann, oder tragen eine große Schuppe auf der Nase wie z.B. die Schildschlangen. Ein zylinderförmiger Körper, sehr glatte Schuppen, kleine Augen und ein kurzer Schwanz sind weitere Merkmale. Der Schwanz dient als Stütze – die Schlange verhakt ihn in der Erde, während sie vorwärts kriecht.

Schwimmen: Etliche Schlangen, vor allem Seeschlangen, verbringen fast ihre ganze Zeit im Wasser. Sie besitzen einen seitlich abgeplatteten Körper und einen paddelförmigen Schwanz. Schlangen schwimmen durch seitliches Schlängeln.

Geschwindigkeit: Man hört oft Geschichten von Schlangen, die Reiter verfolgen. Dies ist absurd. Selbst ein gehender Mensch ist schneller als die

Eine Schwarze Rattenschlange oder Erdnatter (Elaphe obsoleta) *stemmt sich mit ihren am Rand gekielten Schuppen am Stamm einer Palme hoch.*

meisten Schlangen. Die Schwarze Mamba, eine der schnellsten, erreicht kaum 15 km/h. Schlangen verfolgen nie Menschen – sie sind viel zu vorsichtig und zurückhaltend. Dafür kann eine Schlange aber mit einer großen Geschwindigkeit und Präzision zustoßen. Im Gegensatz zur weitverbreiteten Vorstellung muß sie sich dazu nicht vorher einrollen.

Klettern: Viele Schlangen können auf Bäume klettern. Lange und schlanke Arten können sich gut schlängelnd auf Ästen fortbewegen, aber auch etliche große, schwere Riesenschlangen und Grubenottern klettern auf Bäume. Sie verankern sich mit Hilfe ihres Rollschwanzes um einen Ast. Tropische Vipern haben allgemein große Köpfe, vorstehende, große Augen und eine zugespitzte Schnauze – dadurch entsteht die typisch dreieckige Kopfform. Diese Schlangen bewegen sich auf Bäumen sehr langsam und verlassen sich auf ihre ausgezeichnete Tarnfärbung. Die Gelbe Rattenschlange erklettert mit ihren gekerbten Schuppen mühelos glatte Palmenstämme. Wie das Bild zeigt, schafft sie sogar senkrechte Palmenstämme.

Sprungfähigkeit: Im indopazifischen Raum leben die Flugschlangen der Gattung *Chrysopelea*. Sie ernähren sich von Reptilien und erklettern auf der Jagd sogar die glatten Stämme der Kokospalmen. Um von einem Baum zum andern zu gelangen, stoßen sie sich ab und springen in Höhen von mehr als 20 m durch die Luft. Ihre Bauchseite wird durch Muskel- und Schuppenaktion in einen konkaven Querschnitt gewölbt. Sie gleiten über 10 m weit, aber die Flugbahn geht immer nach unten. Trotz eines oft heftigen Aufpralls verletzen sie sich dabei nie.

ERNÄHRUNG

Schlangen ernähren sich von Vögeln und deren Eiern, von Fischen, Amphibien, eidechsenartigen Reptilien, anderen Schlangen, vor allem aber von Nagern und anderen Kleinsäugern. Manche Arten lauern ihrer Beute gut getarnt auf, sei es am Boden oder auf Bäumen. Dazu gehören die meisten Grubenottern und andere schwere Arten, z.B. die Gabunviper. Andere jagen aktiv bei Tag oder Nacht. Schlangen haben bei der Jagd einen großen Vorteil z.B. gegenüber Katzen oder Greifvögeln: Sie können den Nagern in ihre Baue folgen.

Verschiedene Sinne helfen den Schlangen beim Auffinden der Beutetiere. Der Gesichtssinn ist zwar nicht ihre stärkste Seite, da sie oft nur schnellere Bewegungen wahrnehmen können. Aber manche baumbewohnenden, z.B. die Boomslang, können Beute doch schon von weitem entdecken. Zwar fehlt den Schlangen ein äußeres Ohr, sogar ein Trommelfell, und sie können Schall in der Luft schwer bis gar nicht wahrnehmen, aber Vibrationen des Bodens werden über Unterkiefer, Kiefergelenk und den Gehörknochen registriert. Die Zunge spielt eine große Rolle beim Auffinden der Beute, vor allem bei Schlangen, die am Boden, zwischen Laub und Pflanzenteilen, jagen. Ständig ist die Zunge in Bewegung, züngelt vor und zurück, nimmt Duftstoffe auf und bringt sie zum Jacobsonschen Organ (s. S. 13).

Grubenottern, Klapperschlangen und Riesenschlangen nutzen ihre Wärmesinnesorgane, um warmblütige Beutetiere, also Vögel oder Säuger, zu orten. Diese Technik ist perfekt ausgebildet und funktioniert sogar in völliger Dunkelheit. Ist die Beute geortet, verfügen Schlangen über mehrere Möglichkeiten, sie zu lähmen und zu töten. Die Umschlingung und Erstickung ist die primitivste Technik. Nachdem sich die Schlange an ihrem Beutetier verbissen hat, legt sie sofort den Körper in mehrere Schlingen um das Opfer und zieht sich zusammen. Der Tod durch Ersticken tritt sehr schnell ein, wenn es sich um ein kleines Tier handelt. Bei größerer Beute dauert es ein paar Minuten.

Manche Schlangen verschlucken die Beute gleich nach dem Ergreifen lebend. Diese Jagdmethode finden wir vor allem bei grabenden Schlangen, sie wird aber auch von einigen größeren Arten angewendet. Auch viele Angehörige der Familie *Colubridae* müssen, da ohne Giftzähne, sich auf die Tötung durch Umschlingen und Ersticken beschränken. Übrigens wird das Beutetier dabei keineswegs zerdrückt oder ihm die Rippen gebrochen. Es genügt, wenn der Brustkorb sich nicht mehr erweitern kann, um Luft zu holen. Die am höchsten entwickelten Arten besitzen giftigen Speichel aus der umgewandelten Ohrspeicheldrüse – Giftzähne stehen also bei Schlangen stets im Oberkiefer – und können dieses Gift mit Giftzähnen einspritzen, die wie eine Injektionsnadel gebaut sind. Die hinteren Zähne der Boomslang bohren sich in die Beute, und durch mehrere langsame, aber heftige Kaubewegungen wird das Gift in die Wunde gedrückt – dies ist die ursprünglichste Form von Giftzähnen. Das Gift immobilisiert dann die Beute.

Andere, höher entwickelte Arten haben Giftzähne weiter vorn im Kiefer. Die Zähne tragen entweder Giftrinnen, durch die das Gift in die Wunde fließt, oder sind von einem Giftkanal durchbohrt, der nahe an der Spitze mündet. Wie bei einer Injektionsnadel liegt die Mündung seitlich, nie an der Spitze, damit sie beim Einstich nicht verstopft. Auch die Giftwirkung wird mit zunehmender Höherentwicklung schneller, zusätzlich zur Lähmung tritt auch schon Vorverdauung durch Gewebsauflösung ein. Giftschlangen warten in der Regel ruhig ab, bis ihr Gift wirkt, sie beißen daher nur kurz zu und lassen die Beute sofort wieder los. Dann folgen sie ganz „gelassen" deren Spur mit dem Jacobsonschen Organ und/oder dem Wärmesinn.

Schlangen können Beute ver-

Eine Albinoform der Kornnatter (Elaphe guttata) *tötet eine Maus durch Ersticken. Die Beute wird zuerst am Kopf gepackt und verschlungen. Schlangen können nicht kauen, aber sie können Beute verschlucken, die dicker ist als ihr Kopf.*

Diese afrikanische Pfeilotter (Causus rhombeatus) *ist gerade dabei, eine Kröte zu verschlingen, die zwar als Beute viel zu groß scheint – ihr aber keinerlei Probleme bereiten wird.*

schlingen, die wesentlich dicker ist als der Durchmesser des Schlangenkopfes. Sie können nicht kauen, müssen die Beute also unzerkleinert verschlingen. Normalerweise suchen sie zuerst den Kopf ihres Opfers, den sie z.B. bei Säugern entgegen dem Haarstrich finden. Der Kopf wird dann möglichst ganz ins Maul genommen. Die Giftzähne würden bei dieser Aktion im Weg stehen oder abbrechen, sie werden daher möglichst nach hinten geklappt. Das Festhalten erledigen andere Zähne. Durch abwechselndes Verschieben einer Kieferhälfte wird dann die Beute in den Schlund gezogen. Um dies zu ermöglichen, sind alle Teile des Kiefers, vor allem die Unterkieferäste und die Teile des Kiefergelenks, nur durch sehr dehnbare, sehnenartige Bänder verbunden – der Kiefer kann also völlig ausgehängt werden.

Je nach Umgebungstemperatur und Größe der Beute reicht ein Beutetier oft für einige Wochen, im Winter, bei Frost oft über sechs Monate. Jungtiere, die noch Energie zum Wachsen benötigen und außerdem nur kleinere Beute bewältigen, fressen öfter, auch andere Beutetierarten. Während viele Schlangen in der Wahl ihrer Beute nicht wählerisch sind, gibt es auch einige ausgesprochene Nahrungsspezialisten. Die Afrikanischen Eierschlangen der Gattung *Dasypeltis* z.B. leben nur von Vogeleiern, die sie aus Nestern am Boden oder in Bäumen holen. Das Ei wird gepackt, zunächst im ganzen verschluckt, bis es im Bereich hinter dem Kopf ankommt. Dort ragt eine Art Säge, gebildet aus Knochenzacken der Wirbel, in die Speiseröhre und zersägt bzw. durchbohrt das Ei, während es durch den Schlingakt vorbeigeschoben wird. Der Inhalt gelingt dann weiter in den Magen, die Schale wird in kleinen Stücken ausgewürgt. Auch manche Kobras sind Eierliebhaber und verschlingen diese ganz.

Andere Nahrungsspezialisten wären etwa die Afrikanische Pfeilotter, eine Vipernart *(Causus rhombeatus)*, die sich nur von Fröschen und Kröten in den Tropenwäldern ernährt. Baumlebende Arten wie etwa die Hundsboa sind oft besonders auf warmblütige Beute aus. Neben den Grubenorganen zur Registrierung der Körperwärme besitzen sie große, hakenförmige Zähne, mit denen sie das Gefieder von Vögeln gut durchdringen. Ein Roll- oder Greifschwanz ermöglicht ihnen einen festen Halt im Geäst, während der Körper herunterhängt, um einen Vogel vom Ast zu holen. Auch der Schlingakt geschieht oft im Hängen. Seeschlangen sind Fischfänger, und man nimmt an, daß deshalb ihr Gift besonders schnell und sicher wirkt. „Kaltblütige" Tiere brau-

SCHLANGENFRASS

GANZ OBEN: *Die Eierschlange* (Dasypeltis scabra) *hat ihr Maul weit aufgerissen, um ein Vogelei zu verschlingen. Etwas später wird die Schale zerbrochen und wieder hochgewürgt.*

Der Angola-Python (Python anchietae) *gehört zu den seltenen Arten. Hier verschlingt er einen unbestimmbaren Sittich.*

Schlangen, die andere Schlangen fressen, werden vornehm als ophiophag bezeichnet. Sie greifen nicht unbedingt ihre Artgenossen an (also kein echter „*Kannibalismus*") obwohl auch das vorkommen kann. Manche ungiftigen Arten können sogar giftige fressen. Die Königskobra trägt den wissenschaftlichen Namen *Ophiophagus hannah* – sie lebt wirklich nur von anderen Schlangen. Daß gerade diese Art trotzdem so viele Menschen auf ihrem Gewissen hat, liegt an ihrer Brutpflege. Was in die weitere Umgebung des Nestes kommt, wird sofort attackiert. Die Feilennatter *(Mehelya)* hat einen dreieckigen Körperquerschnitt und jagt nachts. *Mehelya capensis* (Kap-Feilennatter) kann auch Kröten fressen, zieht aber Schlangen vor. Nach dem Biß kann ein langer Kampf eintreten, bis die Beute endlich stirbt und gefressen wird – Kopf voran. Auch bei dieser Art kann die Beute größer sein als der Jäger. Andere Ophiophage finden wir unter den Königsnattern, und auch viele Kobras *(Naja spec)* erbeuten gelegentlich Schlangen. Mitunter passiert es sogar, daß eine Schlange „versehentlich" mit verschlungen wird, wenn sie einer anderen die Beute streitig machen will.

Oft wird gefragt, ob eine Schlange von ihrem eigenen Gift oder dem einer anderen Art getötet werden kann. Selbst wenn sie von ihrer Beute gebissen wird, geschieht das selten. Ophiophage Schlangen haben eine sehr hohe Resistenz gegen Gifte. Entzündungen und Ödeme an der Bißstelle sind häufig, aber selten schwerwiegend oder gar tödlich. Die größte Gefahr für den Jäger ist, daß eines seiner lebenswichtigen Organe, z.B. Herz oder Lunge, mechanisch von den langen Zähnen der Beute verletzt wird.

chen eine höhere Dosis, und außerdem wäre es im Meer praktisch unmöglich, das Beutetier nach dem Biß noch lang zu verfolgen.

Manche Arten jagen auf ganz besondere Art. Sie benutzen ihren Schwanz als Köder wie ein Angler einen künstlichen Wurm. Die Zwergpuffotter oder Namibviper *(Bitis peringueyi)* vergräbt sich ganz im Sand und läßt nur Augen und Schwanzspitze frei. Der Schwanz wird hin und herbewegt und täuscht ein Insekt vor. Wird dadurch eine Echse angelockt, so findet sich diese plötzlich selbst als Beute. Manche Grubenottern verlassen sich nur auf ihre Tarnzeichnung. Man nimmt auch an, daß die auffallend rotschwarze Zunge der Afrikanischen Lianenschlange als Köder benutzt wird. Völlig getarnt wie ein Ast liegend, bewegt sie nur die Zunge und ergreift sofort alles, was sich neugierig näher wagt. Eine kleine Gattung, *Aparallactus*, ernährt sich von giftigen Hundertfüßern. Bevor die Beute gepackt wird, findet oft ein heftiger Kampf statt, bei dem die Schlange acht geben muß, um nicht selbst gebissen zu werden. Oft zieht sich die Schlange kurz zurück, bevor sie den Kampf beendet. Selten nur verliert sie sogar und landet selbst im Magen des Hundertfüßers.

Manche Schlangen können wahrhaft enorme Beute verschlingen. Eine Große Anakonda *(Eunectus murinus)* hat kein Problem mit einem ausgewachsenen Schwein. Der Felsenpython *(Python sebae)* frißt regelmäßig Antilopen, z.B. Impalas. Die Süd-Anakonda *(Eunectes notaeus)* kann Kaimane verschlingen, und manche Arten werden als Menschenfresser betrachtet. Ein Felsenpython, Netzpython *(Python reticulatus)* oder eine Goße Anakonda kann leicht ein Kind, sogar einen Erwachsenen töten und verschlingen, aber das bleiben Ausnahmen. Der Mensch wird nicht als regelmäßige Beute betrachtet. Gerüchte, daß Menschen von gigantischen Schlangen angegriffen worden seien, sind in der Regel nur Produkte von Sensationsgier und Publicitysucht.

FORTPFLANZUNG

Im zeitigen Frühjahr treffen sich die Schlangen zur Paarung. Durch weibliche Sexuallockstoffe werden die Männchen angelockt. Die Partnerin wird erst in ganzer Länge des Körpers mit der Zunge untersucht, sodann wickelt sich das Männchen mit seinem Schwanz um sie, und es kommt zur Paarung.

Schlangen besitzen ein zweiteiliges Begattungsorgan (zwei sog. Hemipenis), wobei immer nur eine Hälfte (jedes Tier bevorzugt eine Seite) in die weibliche Geschlechtsöffnung eingeführt wird. Im Inneren der weiblichen Kloake schwillt der eingeführte Hemipenis an. Die Dauer der Kopulation kann von 10 Minuten bis zu zwei Stunden variieren. Paarungen sind genausogut zu ebener Erde wie auch auf Bäumen möglich. In der Regel dauern sie ein bis zwei Stunden.

Ein oder zwei Monate später sucht die weibliche Schlange einen Platz zur Eiablage (falls es sich nicht um eine lebendgebärende Art handelt). Dieser Eiablageplatz kann eine Höhlung in einem Baumstamm sein, ein Loch in der Erde, ein Haufen Pflanzenmaterial oder eine andere möglichst feuchte Stelle.

Die Zahl der abgelegten Eier kann je nach Art von zwei bis über 60 betragen. Die Eier brauchen feuchte und warme Bedingungen zur Entwicklung der heranwachsenden Keimlinge; im Laufe von zwei bis drei Monaten sind diese schlupfreif. Die Eier sind von einer zähen, pergamentartigen Hülle umschlossen. Diese müssen die jungen Schlangen mit einem Eizahn öffnen, der außen auf der Nase sitzt. Sie ähneln beim Schlüpfen schon ihren Eltern.

Mit wenigen Ausnahmen interessiert sich die Mutter nach der Eiablage nicht mehr für ihr Gelege. Eine der Ausnahmen sind Pythons, die sich um ihre Eier wickeln, nicht nur, um sie zu schützen, sondern auch, um durch zusätzliche Wärmezufuhr die Entwicklung zu beschleunigen. Schließlich sind Schlangen wechselwarm, exotherm, d.h. sie brauchen für ihren Stoffwechsel Wärme von außen. Diese produziert die Mutter durch Muskelzittern und -kontraktion – sie bebrütet also regelrecht die Eier.

Man spricht oft von Schlangennestern, aber das gilt nur für wenige, z.B. die Königskobra. Deren Weibchen sammeln wirklich Blätter und Zweige und bauen eine Art

Nest, das dann sehr aggressiv verteidigt wird.

Während des Heranreifens sind die Eier zwei Monate lang vielen Gefahren ausgesetzt: Austrocknung, Überschwemmung, Fraß durch Ameisen oder andere Tiere. Die Weibchen vieler Arten, u.a. alle Vipern, behalten die Eier daher bis zum Schlüpfen im Körper. Erst dann werden sie abgelegt oder die Jungtiere geboren.

Sofort nach dem Schlüpfen bzw. der Geburt sind junge Schlangen ganz auf sich gestellt. Zuerst können sie noch kurze Zeit vom Dottervorrat in ihrem Verdauungstrakt leben, aber schon nach wenigen Stunden bis Tagen müssen sie auf die Jagd gehen. In dieser Zeit sind sie sehr gefährdet. In den ersten Lebenswochen fallen viele den Feinden zum Opfer – Greifvögel, andere Schlangen, Echsen, Frösche und Kröten, Säugetiere (z.B. Hauskatzen) und sogar manche Insekten können ihnen gefährlich werden. Diese hohe Jungtiersterblichkeit wird durch große Jungenzahlen ausgeglichen – manche Vipern z.B. können über hundert Junge gebären.

Nachdem sie die Eihülle mit dem Eizahn durchbohrt hat, schiebt sich die junge Braune Hausschlange (Boaedon fuliginosus) *langsam heraus.*

LINKE SEITE: *Ein weiblicher Dunkler Tigerpython* (Python molurus bivittatus) *rollt sich um seine Eier, um sie zu schützen.*

GIFTE UND GIFTWIRKUNG

Zwar gibt es z.Z. nahezu 3000 Arten von Schlangen, aber nur etwa 10% werden als für den Menschen bedrohlich giftig eingestuft. Um einem gebissenen Menschen zunächst zu helfen, muß man nicht unbedingt die Art der Schlange kennen, aber es hilft sehr, und für die endgültige Behandlung ist es bisweilen lebenswichtig. Es gibt nämlich verschiedene Arten von Giften.

Das Gift der meisten *Elapiden*, darunter Kobras und Mambas, ist neurotoxisch. Die Bisse sind zunächst wenig schmerzhaft, es kommt nur zu leichten Schweißausbrüchen. Später setzt dann Müdigkeit ein, die Lider werden schwer, Schluck- und Atembeschwerden setzen ein. Brechreiz, Kopfschmerzen und Sehstörungen kommen hinzu. Da das Gift mancher *Elapiden* sehr schnell wirkt, ist diese Giftart sehr gefährlich.

Manche Schlangen mit weit hinten liegenden Giftzähnen (opisthoglypher Typ), wie z.B. Boomslang oder die Lianenschlange, besitzen hämotoxische, also Blutgifte. Diese verursachen massive innere Blutungen. Zum Glück wirken sie recht langsam, die ersten Symptome zeigen sich beim Menschen erst nach 24 Stunden.

Die dritte, sehr schmerzhafte und langwierig zu behandelnde Vergiftung entsteht durch muskel- und gewebsauflösende Wirkstoffe, die zum Absterben ganzer Extremitätenteile führen können.

Von den besonders giftigen und auch berüchtigten Schlangen muß die Schwarze Mamba besonders erwähnt werden. Nach der Königskobra ist sie die größte Giftschlange. Flink und angriffslustig wie sie ist, kann sie bei einem Biß schon die zehnfache Menge der für Menschen tödlichen Dosis applizieren. Ein Tier könnte nacheinander ein halbes Dutzend Menschen töten. Die Kettenviper (*Vipera russelli*) wird ohne Zweifel am häufigsten für tödliche Unfälle verantwortlich gemacht. Jedes Jahr fallen ihr unzählige Menschen in Indien, Sri Lanka, Myanmar (Burma) und anderen asiatischen Ländern zum Opfer. Wie die Schwarze Mamba kann sie etliche Menschen nacheinander töten.

Auch bei Bissen des *Bungarus fasciatus*, des Gelben Bungar oder Krait (Südostasien und Sundainseln), ist ärztliche Hilfe erforderlich. Das gleiche gilt für die *Crotalus*-Arten der Neuen Welt, die im Norden wie im Süden vorkommen, z.B. die tödliche Cascaval (*Crotalus durissus*), sowie die

Die riesigen Giftzähne der Gewöhnlichen Puffotter (Bitis arietans) *sind durch einen kleinen Giftkanal mit der Giftdrüse an der Schläfengegend verbunden. Wird durch Muskeldruck die Drüse entleert, so läuft das Gift durch den Kanal bis zur Spitze des Giftzahnes.*

in Nordafrika und im Orient vorkommende Sandrasselotter *(Echis carinatus)*, Gabunviper *(Bitis gabonica)*, Gewöhnliche Puffotter *(Bitis arietans)*, die Todesotter *(Acanthophis antarcticus)*, die giftigste australische Schlange, oder die Tigerottern *(Notechis)*, Taipan und Königskobra aus Asien. Schließlich müssen die Seeschlangen erwähnt werden, deren Verbreitungsgebiet von Madagaskar bis Australien reicht, einschließlich des Persischen Golfs. Diese Art wird als die giftigste von allen betrachtet.

Statistisch gesehen sind Schlangenbisse kein medizinisches Problem im Vergleich zu Verkehrsunfällen, Unterernährung, Malaria oder Schock. Man rechnet, daß pro Jahr ca. 40 000 Menschen an Schlangenbissen sterben, über eine Million werden von Giftschlangen gebissen. In Asien fordern sie die meisten Opfer. Das liegt zum Teil an der Bevölkerungsdichte und an den vielen giftigen Arten dort. In Südasien treten die Todesfälle gehäuft in der Regenzeit auf, wenn Menschen wie auch Schlangen sich auf hochgelegene trockene Stellen retten müssen. Für Südamerika rechnet man mit etwa 2000 bis 3000 Toten pro Jahr, während in Afrika, trotz der vielen Giftschlangenarten, die Zahl der Todesopfer unbedeutend bleibt. In Nordamerika treten etwa 7000 zu behandelnde Fälle auf. Auch in Australien sterben trotz der vielen gefährlichen Arten pro Jahr nur wenige Menschen.

Ein einziger Biß einer Schwarzen Mamba (Dendroaspis polylepis) *genügt, um die zehnfache für Menschen tödliche Dosis zu injizieren.*

NUTZUNG DER GIFTE

Das Gift mancher tödlicher Arten wird schon seit altersher zur Behandlung von Krankheiten eingesetzt. Auch in der westlichen Heilkunde wird das Gift der Klapperschlangen zur Behandlung von etwa 50 Krankheiten verwendet, vor allem in der Homöopathie. Die Heilkundigen des alten China benutzten Hunderte von Schlangengiften in ihren Heilmischungen.

Blutungen, schmerzhafte Schwellungen, Nasenerkrankungen, Nachwirkungen von Zahnextraktionen – das sind nur einige Fälle, in denen regelmäßig Medikamente auf der Basis von Schlangengiften eingesetzt werden. Das Gift einer Malaiischen Viper sowie das der Jararaca *(Bothrops jararaca)* bilden die Basis für sehr wirkungsvolle Antikoagulanzien, also Blutgerinnungshemmstoffe, die z.B. bei Infarkt- oder Thrombosegefahr eingesetzt werden. Zu Beginn dieses Jahrhunderts verwendete man das Gift der Klapperschlangen gegen Epilepsie. Sogar Schlangenfleisch wurde gegen Epilepsie angewandt.

Bis in die vierziger Jahre unseres Jahrhunderts wurden Schlangengifte zur Schmerzlinderung eingesetzt. Heute finden sie auch in der molekularbiologischen und biochemischen Forschung Anwendung. Sie dienen weiter als Konservierungsstoffe, Fleischzartmacher, zur Düngung und für Kosmetika. Ihre antiviralen und antibakteriellen Eigenschaften sind für die medizinische Forschung bedeutsam. Auf der ganzen Welt wird intensiv nach weiteren Antisera gegen die Gifte geforscht. Zur Giftgewinnung wird die Schlange veranlaßt, in den Rand oder die Abdeckung eines Glasgefäßes zu beißen. Dazu packt man sie mit einer speziellen Vorrichtung hinter dem Kopf und drückt ihre oberen Zähne gegen die Auffangschale. Manchmal werden auch Schwachstromstöße zur Erregung bzw. zum „Ausmelken" der Giftdrüsen eingesetzt um das Gift möglichst vollständig auszupressen. Geringe Mengen des Giftes werden dann einem großen Tier, meist einem Pferd eingespritzt. Dessen Immunsystem wird dadurch zur Produktion des Antiserums angeregt. Wird nun dem Pferd (das diese ganze Prozedur ohne Probleme verträgt) Blut abgenommen, so kann das Serum, also die Flüssigkeit ohne Blutkörperchen, abgetrennt und gereinigt werden. Ein so gewonnenes Serum ist oft die einzige Rettung bei schweren Bißfolgen.

Es kann allerdings gefährlich werden, wenn ein geimpfter Mensch eine Allergie gegen das Antiserum entwickelt. Wird er dann nochmals gebissen und erhält wieder Serum, so treten lebensbedrohliche Schockzustände, Kreislaufversagen oder Erstickungsanfälle auf.

Die merkwürdige Blattnasennatter (Langaha nasuta) *aus Madagaskar ernährt sich von Fröschen, Echsen und Vögeln.*

LEBENSRÄUME

Die einzigen Landmassen auf der Erde, die keine natürlich vorkommenden Schlangen aufweisen, sind die Polargebiete sowie einige Inseln. Ansonsten bewohnen Schlangen eine Vielzahl von Lebensräumen, Festland, Süßwasser und Meere. Man kann vier große Lebensräume für sie unterscheiden:

Unterirdische Lebensweise: Die meisten echten Wühler unter den Schlangen sind dunkel gefärbt, haben einen zylindrischen Körper mit extrem glatten Schuppen, einen Kopf, der nicht vom Rumpf abgesetzt ist, und einen konisch zulaufenden Schwanz. Die Augen sind meist klein. Die typischen Vertreter finden wir unter den Blindschlangen (nicht Blindschleichen, denn das sind bekanntlich harmlose Echsen!) der Gattungen *Typhlops* und *Leptotyphlops*. Sie verbringen den größten Teil ihres Lebens unter der Erde, jagen Ameisen, Termiten und ernähren sich auch von den Eiern und Puppen. Man findet sie im feuchten Waldboden und im Buschland. Manche haben sich auch an trockene Savannenlandschaft angepaßt und bewohnen verlassene Termitenbauten, vor allem in ungünstigen Jahreszeiten. Wenn sie überhaupt an die Erdoberfläche kommen, dann nachts, oft nach Regenfällen. Andere unterirdisch lebende Graber, etwa der Erdpython (*Calabaria reinhardtii*), leben in faulenden Pflanzenteilen und kommen öfter freiwillig ans Licht. Sogar in trockenen Steppen Afrikas leben die Erdottern der Gattung *Atractaspis* in lockerem Sand, allerdings stets nahe der Oberfläche.

Oberirdische Bodenbewohner: Die Mehrzahl der Schlangen sind Bodenbewohner, erklettern allerdings auch mal

Achrochordus arafurae, eine Warzenschlange, ist streng wasserlebend. Sie fühlt sich auf festem Boden sehr unwohl – sogar ihre Bauchschuppen sind an das Leben im Wasser angepaßt: klein und rund.

Bäume oder Büsche oder gehen ins Wasser. Praktisch alle Gebiete haben ihre charakteristischen Schlangen, seien es Wüsten, Savannen, das südafrikanische Buschland, Regen- oder Trockenwälder. Manche Arten haben einen sehr schweren, massiven Körper, wie etwa die Puffotter oder Gabunviper in Afrika. Andere, wie die amerikanischen Zornnattern *(Coluber spec)*, sind sehr flink und geschickt. Sie ruhen in Höhlen oder Spalten und jagen an der Oberfläche.

Baumbewohner: Nicht nur Bäume, auch Büsche oder sogar alte Gebäude werden von ausgesprochen kletterfähigen Schlangenarten bewohnt. Die Buschvegetation in trockenen Zonen ist ebenso besiedelt wie feuchte Wälder. Manche Arten, wie die afrikanischen Lianenschlangen, leben in bodennahen Schichten des Waldes, andere, z.B. die asiatischen Flugschlangen, sind vorwiegend in der Kronenregion der höchsten Bäume zu finden.

Wasserbewohner: Zwar lieben viele Schlangen feuchte Gegenden oder auch Gewässer, seien es die Mangroven-Nachtbaumnattern aus Malaysia und Sumatra *(Boiga dendrophila)*, sei es unsere Ringelnatter. Aber sie sind trotzdem keine echten Wasserschlangen. Wirklich aquatische Arten sind z.B. die Afrikanische Wasserkobra *(Boulengerina annulata)* oder die asiatischen Warzenschlangen (Gattung *Acrochordus*). Die Warzenschlangen haben nicht nur ihre Schuppenform, sondern sogar die Lage ihrer Augen verändert. Diese liegen ganz oben am Kopf, so daß nicht viel vom Kopf über die Wasseroberfläche ragen muß, um sich umsehen zu können. Die meisten Wasserschlangen leben im Süß- oder Brackwasser. Manche sind ausgezeichnete Schwimmer, z.B. die afrikanische Gattung *Lycodono morphus*. Andere, etwa der Buntpython *(Python curtus)* oder die Große Anakonda *(Eunectes murinus)*, bewegen sich langsamer im Naß. Obwohl sie gut ans Wasserleben angepaßt sind, ähneln sie doch noch stark den landlebenden Arten.

Bei den meeresbewohnenden Seeschlangen geht die Anpassung viel weiter: Der Rumpf ist meist seitlich abgeflacht, der Schwanz ähnelt einem Paddel. Die Augen sind sehr klein, die Nasenöffnungen liegen hoch am Schädel und sind verschließbar, damit kein Salzwasser in die Lunge eindringt. Mit ihrem stark durchbluteten Zahnfleisch können sie auch Sauerstoff aus dem Wasser entnehmen, und überzähliges Salz wird mit Salzdrüsen wieder ausgeschieden. Die meisten Arten leben nahe an tropischen Küsten im östlichen Indischen Ozean und im Westpazifik, oft an Korallenriffen oder Sandbänken. Da das Wasser dort fast lauwarm ist, haben sie keine Probleme mit ihrer Körpertemperatur. Sie ernähren sich von Fischen und anderen Meerestieren und besitzen ein besonders schnell wirkendes Nervengift. Während einige Arten zur Eiablage noch an Sandbänke oder -strände kommen, sind andere ovovivipar und verlassen das Wasser nicht mehr. Die Plättchen-Seeschlange *(Pelamis platurus)* ist die einzige pelagische, also Hochseeart.

Die südafrikanische Kapkobra (Naja nivea), *eine tödlich giftige Art, lebt in sehr unterschiedlichen Lebensräumen.*

Schlangenfamilien – systematische Gliederung

Zoologische Systematik wird stets durch Gruppierung von Arten und Gattungen nach möglichst vielen gemeinsamen Merkmalen erstellt. Allerdings sind diese Merkmale dann für die Systematik nicht geeignet, wenn sie eindeutig nur als Anpassung an gleiche Lebensweise auf unterschiedlichen Kontinenten zu werten sind (z.B. Seitenwinden). Jede systematische Klassifikation spiegelt nur den derzeitigen Stand des Wissens wider und kann sich deshalb auch durch neue Entwicklungen und Entdeckungen ändern. Alle Schlangen gehören zu einer Unterordnung der *Squamata* oder Schuppenkriechtiere (die anderen beiden Unterordnungen sind die *Lacertilia* oder Echsen und die

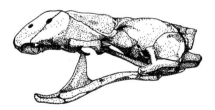

Typhlopidae

Amphisbaenia oder Doppelschleichen – in vielen Merkmalen oberflächlich schlangenähnlich, aber ganz unterschiedlich evolviert). Innerhalb der Subordnung *Serpentes* = *Ophidia* (Schlangen) finden wir drei Überfamilien. Jede dieser Überfamilien ist eine eigene stammesgeschichtliche Radiation, d.h. sie verkörpert eine Gruppe von Familien, die aus einer Stammgruppe hervorgingen

und verschiedene Lebensraumanpassungen hervorbrachten.

Die erste und primitivste Überfamilie ist die der Blindschlangenartigen = *Scolecophidae*. Zu diesen gehören drei Familien kleiner, unterirdisch grabender Schlangen. Die *Anomalepididae* und die *Typhlopidae*, die echten Blindschlangen, haben als charakteristisches Eigenmerkmal fest im Oberkiefer verankerte Zähne, während die *Lephotyphlopidae*, allgemein Faden- oder Wurmschlangen genannt, diese nur im Unterkiefer tragen. Die Familie der *Anomalepididae* ist auf Süd- und Mittelamerika beschränkt, die anderen beiden treten nahezu weltweit auf.

Die zweite Überfamilie sind die Wühl- und Riesenschlangen (*Henophidia*). Dazu gehören die *Aniliidae* oder Rollschlangen, die Schildschwänze (*Uropeltidae*), die Erdschlangen (*Xe-*

Pythonidae

nopeltidae), die Warzenschlangen (*Acrochordidae*) und als bekannteste die Riesenschlangen (*Boidae*). Letztere finden wir in der Alten Welt, d.h. Afrika, Asien und Australien, als eierlegende *Pythoninae* und in Amerika sowie auf Madagaskar

als ovovivipare Boas und Anakondas. Allen gemeinsam sind etliche Primitivmerkmale, z.B. die Reste der Hinterextremitäten. Die Warzenschlangen (*Acrochordidae*) werden im Französischen Elefantenrüsselschlangen genannt. Beide Namen beziehen sich auf die stark gekörnelten „warzigen" Schuppen und die geringelte Körperoberfläche. Es sind gut ans Wasserleben angepaßte Tiere aus dem tropischen Asien und Australien.

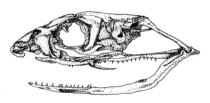

Colubridae

Alle anderen Schlangen gehören der modernsten Unterfamilie *Xenophidae* an. Sie besitzen nie Extremitätenreste, stets nur einen Lungenflügel und umgewandelte Kiefer- und Zahnbefestigung. Die Mehrzahl gehört der Familie *Colubridae* an. Zu dieser gehören sowohl viele ungefährliche wie auch giftige Arten. Allerdings tragen diese ihre Giftzähne weit hinten im Kiefer, so daß größere Tiere beim Biß nicht unbedingt Gift abbekommen. Mambas, Kobras und Korallenschlangen gehören neben anderen zur Familie der Giftnattern = *Elapidae*. Sie haben recht kleine,

feststehende Giftzähne mit einem versenkten Giftkanal. Da die Zähne vorn im Maul stehen, sind sie trotzdem sehr gefährlich. Die Seeschlangen stammen von Giftnattern ab, werden aber meist als Familie *Hydrophiidae* abgetrennt. Die höchstevolvierte Gruppe sind die Vipern (*Viperidae*). Sie haben große, auf einem drehbaren Oberkieferknochen gelagerte Giftzähne mit Injektionskanal. Die Klapperschlangen und Grubenottern werden entweder zu ihnen als Unterfamilie gezählt oder als *Crotalidae* abgetrennt.

Viperidae

Wie schon in der Einleitung zu diesem Kapitel gesagt, erfolgt die systematische Klassifikation immer auf der Basis des jeweiligen Kenntnisstandes. Nur Arten – als natürliche, unbegrenzt fruchtbare Fortpflanzungsgemeinschaften – sind klar abgrenzbar. Durch neue Erkenntnisse kann jede höhere Klassifikation veralten und geändert werden.

Die Mehrzahl der Colubridae *hat keine Giftzähne, sondern nur Festhaltezähne, wie auch der zu den Riesenschlangen gehörende Grüne Baumpython* (Chondropython viridis) *aus Papua Neuguinea.*

Giftnattern (Elapidae), *wie Mambas und Kobras, tragen kleine feststehende Giftzähne ganz vorn im Kiefer.*

Bei den Colubriden-Arten mit hinten gelegenen kleinen Giftzähnen – hier eine Boomslang (Dispholidus typus) *– liegen diese unter oder hinter den Augen.*

Vipern und Grubenottern haben sehr große, gekrümmte Giftzähne vorn im Kiefer. In Ruhe oder beim Fressen sind sie, da auf einem drehbaren Knochen befestigt, gegen den Gaumen geklappt.

Asiatische Rattenschlange (Ptyas)

PORTRÄTGALERIE

SCHLANKBLINDSCHLANGEN
Leptotyphlops spec

Ihre meist dunkle Färbung, zusammen mit dem dünnen zylindrischen Körper, verleiht ihnen ein wurmförmiges Aussehen. Die meisten haben einen kompakten, in sich wenig beweglichen Schädel und einen kurzen Schwanz. In der Länge variieren die einzelnen Arten zwischen 8 cm und 30 cm. Ihre Augen sind meist unter einer Schuppe verborgen, ein ausgesprochenes Primitivmerkmal. Man nimmt an, daß sie damit gerade Hell und Dunkel unterscheiden können. Von der Hinterextremität sind noch Reste vorhanden, die allerdings äußerlich nicht sichtbar sind. Im Oberkiefer besitzen Schlankblindschlangen keine Zähne. Manche Wissenschaftler stellen diese Tiere noch systematisch näher zu den Echsen, aber die Mehrzahl ihrer Merkmale weist sie doch eindeutig als Schlangen aus.

Wie die Blindschlangen *(Typhlopidae)* sind die *Leptotyphlops*-Arten unterirdisch lebende Graber, die nur selten ans Licht kommen. Man findet sie in verlassenen Termitenbauten, unter Steinen und abgestorbenen Baumstämmen, in Wurzelwerk von Büschen – überall dort, wo ihre Beutetiere, z.B. Insekten und deren Larven, häufig sind. Weibchen legen ein bis sieben kleine Eier, die etwa die Form und Größe eines Reiskorns haben, oft wie Würstchen aneinandergereiht. Bei mindestens einer Art kommt Brutpflege vor: Die Mutter rollt sich schützend um die Eier.

Heute sind etwa 60 Arten bekannt, die in Afrika außerhalb der Sahara, im Amazonasgebiet, in Mittelamerika sowie in Ost- und Südasien, vor allem in Indien, vorkommen. In der australischen Faunenregion fehlen sie. Morgens tauchen diese schwer zu findenden Tiere manchmal kurz an der Erdoberfläche auf. Am häufigsten findet man sie aber, wenn ihre Gänge zufällig aufgegraben werden, z.B. bei der Gartenarbeit, beim Anheben eines Steines oder eines alten Baumstammes. Sie sind völlig ungefährlich für Wirbeltiere.

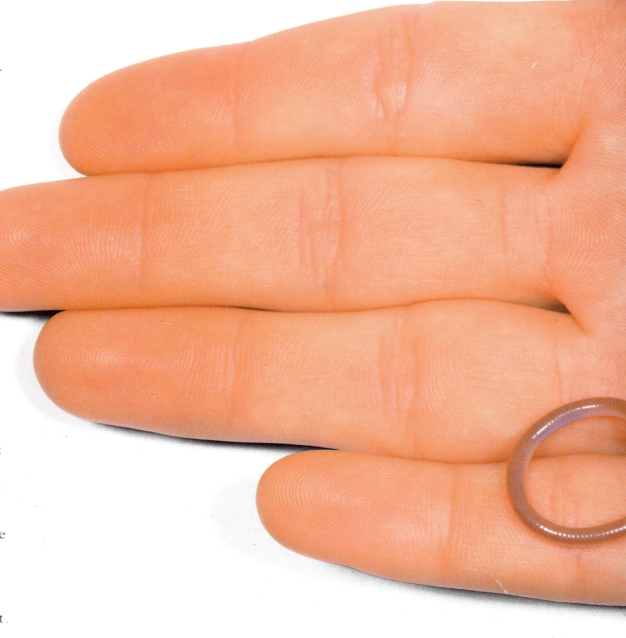

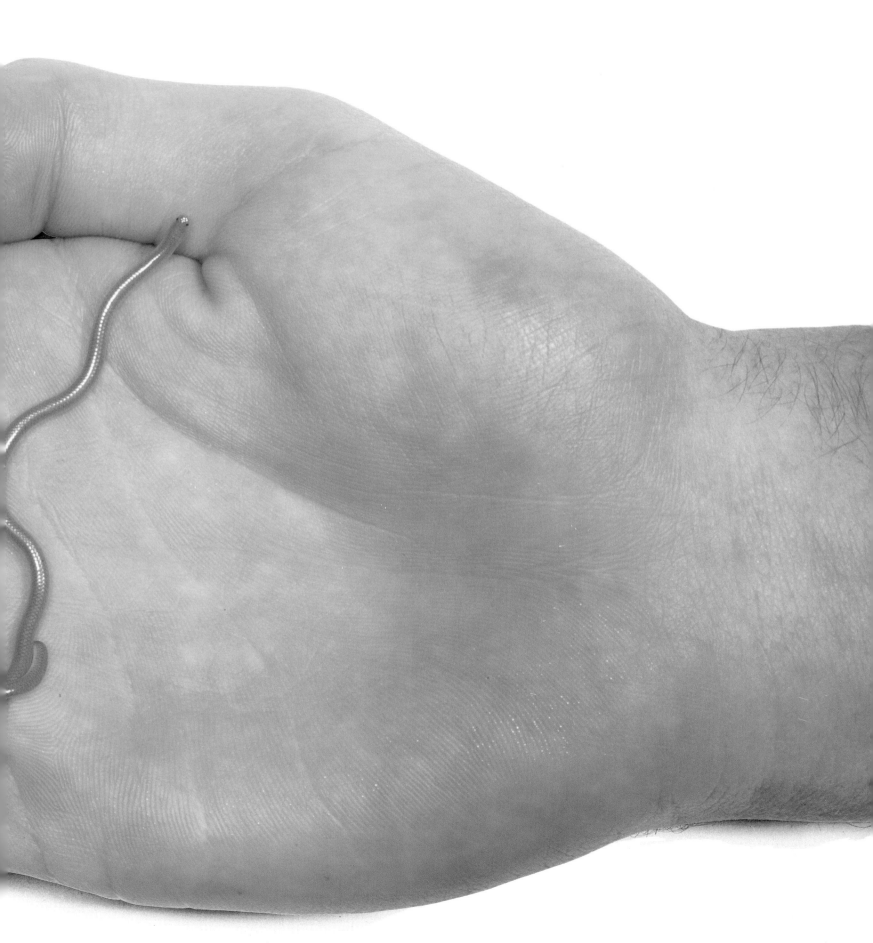

35

AFRIKANISCHE BLINDSCHLANGE
Typhlops schlegelii

Blindschlangen sind in den Tropen vor allem Afrikas und Asiens zu finden. Der Unterkiefer dieser sehr ursprünglichen Schlangen trägt keine Zähne, der Oberkiefer liegt fast quer zur Körperachse. Ihre Nahrung sind überwiegend Termiten, so daß Blindschlangen kaum an die Oberfläche kommen müssen. Der zylindrische Körper ist mit besonders glatten Schuppen bedeckt, die alle gleiche Form, Größe und Farbe haben. Der Kopf ist überhaupt nicht vom Rumpf abgesetzt. Da die Blindschlangen fast ständig im Dunkeln leben, sind ihre Augen reduziert und von auffallend großen Schuppen bedeckt – ein guter Schutz beim Graben in der Erde. Eine weitere besonders auffallende, hakenförmige Schuppe finden wir am Ende des kurzen Schwanzes. Mit wenigen ovoviviparen Ausnahmen legen Blindschlangen Eier, in der Regel zwischen 12 und 60. Die hier abgebildete Afrikanische Blindschlange lebt in Südafrika und Mosambik. Durchschnittlich immerhin 60 cm lang, kann sie jedoch auch 95 cm erreichen. Der bevorzugte Lebensraum ist im Buschland, nahe der Küste und im Buschveld, eingegraben in der Erde, unter Steinen und Baumstammstücken.

37

GROSSE ANAKONDA
Eunectes murinus

Diese Riesenschlange bewohnt die Tropen von Trinidad, Südamerika östlich der Anden und Bolivien sowie den Süden Paraguays. Man erzählt zwar viele Geschichten von 15 oder sogar 20 m langen Anakondas, aber der Preis von 5000 Dollar, den die New York Zoological Society für ein lebendes Exemplar von über zehn Metern ausgesetzt hat, ist noch nicht abgeholt worden, obwohl es schon viele Expeditionen nach Amazonien gab, die es versuchten. Neben der Lust am Aufschneiden haben die Gerüchte über die riesigen Anakondas einen weiteren Grund: Gegerbte Häute sind oft gedehnt und täuschen so größere Längen ihres ehemaligen Trägers vor. Die meisten Anakondas erreichen nur 4-5 m, selten mehr als 8 m. In keinem Zoo oder Vivarium gibt es Tiere über 8,5 m, und die größte verbürgte Länge beträgt 9,6 m. Unbestreitbar ist die Anakonda die längste Schlange der westlichen Hemisphäre; in Asien macht ihr der Netzpython den Weltrekord streitig. Dafür ist die Große Anakonda bei gleicher Länge stets dicker und schwerer, so daß sie den Ruf als größte lebende Schlangenart der Welt zu Recht hat. Sie ist auch von allen Riesenschlangen am besten ans Wasserleben angepaßt. Sie liebt Teiche, Flüsse und Ströme. Meist sind Anakondas nachtaktiv, aber auch tags werden sie häufig gefangen – sie liegen dann nämlich gern in der Sonne. Bevorzugte Ruheplätze sind im Dickicht der Uferwälder, oft auf umgestürzten Bäumen oder dicken Ästen. Bei der geringsten Störung läßt sie sich ins Wasser fallen oder gleiten und taucht sofort unter. Nur Augen und Nase ragen über die Oberfläche. Kommt die Gefahr näher, so zieht sie nur den Kopf unter Wasser ohne zu fliehen. Anakondas sind friedliche, wenig aggressive Schlangen; meist versuchen sie nicht einmal zu beißen, wenn man sie das erste Mal in Händen hält. Wie alle Riesenschlangen tötet sie ihre Beute (Hirsche, Wildhunde, Tapire und Pekaris, aber auch Kaimane, Schildkröten, große Vögel und Fische sowie bei Ansiedlungen Haustiere wie Ziegen, Hunde etc.) durch Ersticken. Weibliche Anakondas können auf einmal über 50 kleine Schlangen zur Welt bringen. Die Große Anakonda ist der Gegenstand vieler Legenden und Erzählungen. Viele sind schlichtweg albern – man sagt ihr sogar eine ausgesprochene Vorliebe für schwangere Frauen nach. Sollte das ein Versuch eifersüchtiger Männer sein, ihre Frauen am Verlassen des Hauses zu hindern?

SÜD-ANAKONDA
Eunectes notaeus

Die Süd-Anakonda trägt schwarze oder braune Flecken und Streifen auf gelblichem, gelbgrünem oder gelbbraunem Untergrund. Dadurch ist sie von der gedeckter gefärbten Großen Anakonda recht gut unterscheidbar. Sie bewohnt Bruch-, Sumpf- und Uferwälder an langsam fließenden Flüssen im Süden Brasiliens, in Bolivien, Paraguay und Nordargentinien. Sie bleibt wesentlich kleiner als *Eunectes murinus* – im Durchschnitt 3 m, als Höchstmaß ist 4,6 m bekannt geworden. Wie ihre Verwandte ist auch die Süd-Anakonda zuerst ein Wassertier. Wenn sie beim Sonnenbaden am Ufer überrascht wird, gleitet sie sofort ins Wasser und verbirgt sich am bewachsenen Grund des Gewässers. Erst wenn sie sich sicher fühlt, taucht sie wieder auf und hält den Kopf zunächst nur bis zu den Augen über die Wasseroberfäche. Die Hauptbeute dieser Schlange sind große Nagetiere wie Paka oder Aguti, dazu Vögel und Reptilien. Jungtiere der Süd-Anakonda ernähren sich zunächst von Fischen. Die Süd-Anakonda ist in ihrer Beute nicht wählerisch. Sie greift sich einfach, was in ihrer Umgebung lebt. Selbst Kaimane werden angegriffen. Bei diesen verbeißt sich die Schlange in der Kehlenregion, der einzigen Stelle, wo sie mit ihren Zähnen die Haut durchdringen kann. Dann wird das Krokodil von mehreren Windungen umschlungen und erstickt sehr schnell. Die Anakonda beginnt darauf, es vom Kopf her zu verschlingen. Wie alle Riesenschlangen besitzt die Süd-Anakonda keine Giftzähne, aber ihre vielen zackenförmig gekrümmten Zähne können sehr schwere Verletzungen hervorrufen.

40

GRÜNE HUNDSKOPFBOA
Corallus caninus

Diese prächig gefärbte Boa-Art lebt hauptsächlich auf Bäumen und im Gebüsch der tropischen Regenwälder, meist nahe an langsam fließenden Gewässern, Teichen oder Sümpfen. Sie ist im Amazonasbecken über Peru, Bolivien, Brasilien und Guayana verbreitet. Lebenslang baumlebend, kommt diese schöne Riesenschlange praktisch nie auf den Boden. Tagsüber schläft sie auf dem Baum und ist nur sehr schwer zu entdecken – die Grünfärbung sowie Punkt- und Streifenmuster bilden eine ausgezeichnete Tarnung. Bei Nacht jagt sie mit Hilfe ihrer Wärmesinnesorgane, die ihr jede warmblütige Beute melden. Das sind vor allem Vögel und kleine Säugetiere, meist Nager. Die großen, hakenförmigen Zähne können ohne weiteres das Gefieder eines Vogels durchdringen und sich im Fleisch verbeißen. Einmal gepackt, wird die Beute nach Riesenschlangenart erstickt und Kopf voran verschlungen, während die Schlange auf einem Ast verankert ist, oft sogar herunterbaumelt und sich nur mit dem Schwanz festhält. Erwachsene Tiere sind durchschnittlich 2,2 m lang.

ARGENTINISCHE KÖNIGSSCHLANGE

Boa constrictor occidentalis

Diese Unterart, von Paraguay bis Argentinien verbreitet, ist die südlichste Boa-Form. Sie verbringt den Tag in Erdbauten anderer Tiere, hohlen Bäumen oder ähnlichen Schlupfwinkeln. Erst bei Einbruch der Dunkelheit beginnt ihre Aktivität. Obwohl sie auch auf Bäume klettern kann, ist ihr bevorzugtes Jagdgebiet der Erdboden. Dort findet sie Kleinsäuger, Vögel und Echsen als hauptsächliche Beute. Jungtiere jagen vorwiegend im Gestrüpp. Die Argentinische Königsschlange ist gewissermaßen zum Kulturfolger geworden. Sie hält sich sehr gern nahe bei Siedlungen des Menschen auf und jagt Hühner und anderes Hausgeflügel. Auf Frachtschiffen wird sie oft versehentlich mit Bananen oder anderen Südfrüchten verfrachtet. Weibchen bekommen auf einmal 15 bis 40 Jungtiere. Wie die meisten Schlangen ist auch die Argentinische Königsschlange eine ausgezeichnete Schwimmerin. Auch bei ihr gibt es viele Farbvariationen, wie bei vielen Schlangen üblich. Man erzählt sich viele falsche Geschichten über sie, sogar, daß sie von Hündinnen geboren werden könnte und daß die kleinen Boas dann bellen könnten!

KÖNIGS-SCHLANGE

Boa constrictor

Die Königsschlange ist keineswegs das wilde und gefährliche Dschungelmonster, das in Abenteuerfilmen und -büchern immer dargestellt wird. Man findet sie auch in sehr verschiedenen Lebensräumen, meist in Savannenregionen. Die peruanische Unterart z.B. bewohnt dort felsige und sehr trockene Ebenen. Die Art ist weit verbreitet im ganzen tropischen Südamerika, von Mexiko bis Argentinien. Einzelne Tiere können zwar bis 5 m lang werden, aber die Mehrzahl liegt eher bei etwa 2,5 m.

Im Gegensatz zu manchen Beschreibungen sind diese Tiere für den Menschen harmlos. Sie werden sogar als „Haustiere" geschätzt. Tausende werden jährlich in Menschenobhut geboren und aufgezogen. Aber noch mehr werden dem natürlichen Lebensraum entnommen und beenden ihr Dasein bei Privathaltern in Europa und dem Fernen Osten.

KUBANISCHE SCHLANKBOA

Epicrates angulifer

Diese auf den Inseln Kuba, Pins und Cayo Cantiles vorkommende Riesenschlange ist die größte der Karibik. Einzeltiere von 4-5 m Länge sind berichtet worden, aber heutzutage werden sie nur noch selten so groß. Obwohl Bodenbewohner, kann sie auch Bäume und Büsche besteigen. Nachts sucht sie Zuflucht in einer Baumhöhle oder zwischen Felsen. Als typische Tagjägerin beginnt sie ihre Aktivitäten morgens und kann im Sommer bis zur Abenddämmerung aktiv bleiben. Ihre Hauptnahrung sind Nager oder Vögel. Sie durchstöbert sogar Felsgrotten auf der Suche nach Fledermäusen. Ihre bevorzugten Jagdgebiete, busch- und krautreiche Ebenen, wurden seit Anfang dieses Jahrhunderts zunehmend für Zuckerrohrplantagen gerodet. Seitdem dringt sie immer häufiger in Dörfer ein, eigentlich auf der Suche nach Ratten, und riskiert dabei Kopf und Leben. Wegen des Rückgangs der freilebenden Bestände wurden inzwischen von Kuba Schutzmaßnahmen eingeleitet.

MADAGASKAR-BOA
Acrantophis madagascariensis

Diese auch als Madagassische Erdboa bekannte Art ähnelt in Aussehen und Lebensgewohnheiten sehr stark den Königsschlangen Mittel- und Südamerikas, ist aber interessanterweise auf Trockenwälder und offene Parklandschaften Madagaskars beschränkt – ein bemerkenswertes tiergeographisches Phänomen. Während des Tages verbirgt sie sich in Erdbauten von Säugetieren, Baumhöhlen oder Haufen toter Blätter. Bei Einbruch der Dunkelheit beginnt sie ihre Nahrungssuche (Kleinsäuger und Vögel), die nach Riesenschlangenart erstickt werden, bevor die Mahlzeit beginnt. Im Gegensatz zu erwachsenen Tieren wagen sich die Jungen regelmäßig bei der Nahrungssuche auf Büsche und Sträucher.

Diese Art überwintert in den kältesten Monaten, von Mai bis Juli (Südhalbkugel!). Die Weibchen sind ovovivipar und tragen auf einmal nur vier bis sechs Jungtiere aus. Wie viele andere Arten ist die Madagaskar-Boa durch Rodung und Abholzung ihres Lebensraumes bedroht. Weniger als 10% der madagassischen Wälder stehen noch im Urzustand, und je mehr die menschliche Bevölkerung wächst, desto weiter wird die Brandrodung vorangetrieben. Und obwohl gerade diese Art sich gut an die „Umgestaltung" ihres Lebensraumes anpassen konnte, droht ihr eine weitere Gefahr: Ihre Haut wird gesucht für Geldbörsen und andere Touristenartikel. Seit 1977 gilt die Art offiziell als bedroht.

FELSEN-PYTHON

Python sebae

Der Felsen-Python lebt in Afrika südlich der Sahara in allen Vegetationszonen außer Wüste und Regenwald. Bevorzugt sonnt die Schlange sich tagsüber nach einer reichlichen Mahlzeit und jagt vor allem nachts – Hasen, große Nager, Affen, kleine Antilopenarten und größere Vögel stehen auf ihrem Speiseplan. Bei der Entdeckung der Beute hilft ihr der Wärmesinn in den Grubenorganen am Oberkieferrand. Obwohl ungiftig, kann sie mit ihren vielen nach hinten gerichteten Zähnen sehr schmerzhafte Bißverletzungen verursachen. Ein großes weibliches Tier (über 4 m Länge) legt gewöhnlich 30 bis 50 Eier, aber es können auch bis 100 sein. Die Mutter rollt sich um die Eier, produziert durch Muskelzittern Wärme und bebrütet so regelrecht ihre Eier. Die Jungen messen beim Schlupf schon 60 cm und können sofort selbst für ihre Nahrung sorgen.

NETZPYTHON
Python reticulatus

Regenwälder, Parklandschaften und Grasländer Südostasiens sowie langsam fließende Flüsse der Pazifikinseln, möglichst im küstennahen Unterlauf, sind der bevorzugte Lebensraum des Netzpythons. Zusammen mit der Großen Anakonda ist diese Art die größte lebende Schlange. Durchschnittlich erreichen Netzpythons 4-5 m, aber es können auch mehr als 10 m werden. In mehreren Zoos und Schauterrarien leben Tiere von mehr als 7,5 m. Netzpythons ernähren sich von Säugetieren, Vögeln und großen Echsen, z.B. Waranen.

Ein großes Individuum kann leicht ein erwachsenes Schwein verschlingen. Es gibt viele Berichte, aber kaum nachgewiesene Fälle, wonach Netzpythons Menschen getötet und verschlungen haben sollen. Manche Fotos scheinen dies zu belegen, aber das bleiben doch sehr vereinzelte Ausnahmen. Jedes Gelege umfaßt etwa 50 Eier, manchmal bis 100. Wie bei den meisten Pythons rollt sich die Mutter um die Eier, bebrütet sie und beißt ohne zögern zu, wenn man sie stört.

KÖNIGSPYTHON
Python regius

Der Königspython, dessen Kopf rechts zu sehen ist, lebt in West- und Zentralafrika. Dort sind Savannen und baumbestandene Ebenen der bevorzugte Lebensraum. Tagsüber ruhen die Königspythons in Erdhöhlen, nachts gehen sie auf Beutezug auf Kleinsäuger. Die durchschnittliche Länge beträgt nur etwa 1 m. Damit ist sie der kleinste afrikanische Python. Wegen seiner Gewohnheit, sich zu einer Kugel einzurollen, nennt man ihn bisweilen Kugelpython. Dabei wird der Kopf dann bei Bedrohung zwischen den Schlingen verborgen. Weibchen legen auf einmal sechs bis sieben Eier, um die sie sich schützend rollen. Sie werden oft als Heimtiere gehalten, so daß jedes Jahr Tausende nach Europa oder Nordamerika exportiert werden. Manche Stämme in Afrika jagen sie auch wegen ihrer Haut und ihres Fleisches. Daher zählt der Königspython heute zu den bedrohtesten Arten. Der Angola-Python bewohnt felsige Gegenden, das trockene Sandvelt und die Uferdickichte in Angola und Nord-Namibia. Auch diese Art ist nachtaktiv, und man sieht sie daher sehr selten. Wie der Königspython lebt auch der Angola-Python von Kleinsäugern, bisweilen auch bodenlebenden Vögeln. Auch die Größe und die Gewohnheit, sich bei Bedrohung einzurollen ist ähnlich zur vorgenannten Art. Jedes Jahr kann ein weibliches Tier etwa fünf Eier legen. Auch diese Art ist geschützt.

KÖNIGSPYTHON UND ANGOLA-PYTHON

Python regius und *Python anchietae*

BUNTPYTHON
Python curtus

Diese kleinwüchsige Pythonart lebt in Malaysia, auf Sumatra und Borneo, bevorzugt in Sümpfen und an Fließgewässern in tropischen Wäldern. Sie ist nicht giftig, aber sehr beißlustig. Erwachsene Tiere werden selten mehr als 2 m lang. Die Farbe variiert von lebhaftem Orange über Gelb bis Blutrot – daher auch z.B. der französische Name Blutpython. Auch ihre Nahrung sind Kleinsäuger und Vögel, die wiederum nach Pythonart vor dem Verschlingen (Kopf voran) erstickt werden. Weibchen legen sechs bis zwölf Eier und rollen sich ums Gelege, was sowohl Schutz vor Freßfeinden als auch eine Temperaturerhöhung (um bis zu 5 °C) bewirkt. Die Bebrütung geschieht durch Wärmeproduktion mit Hilfe von schnellen Muskelkontraktionen. Während dieser Zeit nehmen die Mütter keine Nahrung zu sich, nur um zu trinken verlassen sie kurz das Gelege. Männchen helfen beim Bebrüten niemals. Beim Schlüpfen müssen die Kleinen sofort für sich sorgen, die Eltern helfen nicht. Wie bei den meisten Pythons finden wir auch hier kleine Reste der Hinterextremitäten als abstehende Sporne an der Schwanzbasis. Man nimmt an, daß sie bei der Paarung helfen, aber Genaueres ist nicht bekannt.

In nahezu ganz Australien, außer im äußersten Norden, sowie auf Neuguinea finden wir den Rautenpython. Sein Lebensraum reicht vom Regenwald bis zur Wüste. In manchen Gegenden ist er fast baumlebend, in anderen benutzt er Erdhöhlen anderer Tiere. Seine bevorzugte Beute (Vögel, Säugetiere, z.B. Kletterbeutler) jagt er nachts, mit Hilfe der Wärmesinnesorgane. Weibchen legen auf einmal bis zu 18 Eier und betreiben die pythonübliche Brutpflege durch Umrollen und Warmzittern.

RAUTENPYTHON
Morelia argus variegata

ERDPYTHON
Calabaria reinhardtii

Das Verbreitungsgebiet des Erdpython erstreckt sich von Liberia bis zu den Regenwäldern der Elfenbeinküste, Ghanas und Nigerias. Es handelt sich tatsächlich um eine verborgen in der Erde oder einer Blattschicht grabende Riesenschlange, die nur selten an die Oberfläche kommt. Auf der Suche nach Beute wechselt sie oft von einem Erdbau zum andern. Der Körper ist perfekt zylindrisch, der Schwanz kurz, dick und abgerundet. Das ganze Tier erreicht selten mehr als 1 m Länge. Kopf und Schwanz ähneln sich völlig, bis auf die Augen – ein wirksamer Schutz gegen Freßfeinde, die rein statistisch in der Hälfte der Angriffe das falsche Ende aussuchen. Zusätzlich preßt die Schlange bei Bedrohung den Kopf an den Boden, oft in einer Körperschlinge, richtet den Schwanz auf und bewegt ihn auffällig hin und her. Falls das nicht hilft, bildet sie ein Knäuel wie der Königspython und verbirgt den Kopf darin. So wartet sie geduldig, bis die Gefahr vorüber scheint, und streckt sich erst wieder, wenn sie sich völlig sicher fühlt. Auch die Afrikaner glauben, daß diese Schlange zwei Köpfe hat, und fürchten sie daher. In Wirklichkeit handelt es sich um eine friedfertige und ungefährliche Schlange, die selbst dann selten zu beißen versucht, wenn man sie festhält. Weibchen legen zwei bis vier sehr große Eier.

RINGELNATTER
Natrix natrix

Eine der weitverbreitetsten Arten: In Europa, Nordafrika und Westasien finden wir diese friedliche, halbaquatische Schlange, die sonnige Flecken in dichtem Pflanzenwuchs liebt. Feuchtwiesen, Sümpfe, Gräben, Bäche und Flußläufe bieten ihr Schutz und Lebensraum. Sie kann sehr gut schwimmen und gleitet bei Bedrohung oft ins Wasser. Trotzdem fühlt sie sich auch auf kleinen Bäumen sehr wohl – sei es beim Sonnenbaden oder bei der Jagd. Sie ernährt sich von Fröschen, Molchen, Salamandern oder kleinen Fischen, meidet aber Kröten, wenn andere Beute verfügbar ist. Die Jagd kann auch unter Wasser stattfinden, die Beute wird dann gepackt und meist verschlungen, ohne vorher getötet zu werden. Im Winter verfallen Ringelnattern in Winterstarre. Voll erwachsene Weibchen bringen pro Gelege 30 Eier, jüngere nur acht bis zehn. Die Eier werden oft an regelrechten Laichplätzen abgelegt, wo man bis zu 1500 Eier finden kann. Feinde der Ringelnatter sind u.a. Dachse, Igel, Hermelin, Iltis, Greifvögel, Katzen und uninformierte Menschen, die sie töten, weil sie sie für gefährlich halten.

WÜRFELNATTER

Natrix tessellata

Die Würfelnatter ist ebenfalls eine ungefährliche Art. Sie bewohnt ganz Nord- und Mitteleuropa, dazu Nordwestafrika und den Nahen Osten. Sie ist noch mehr wasserlebend als die Ringelnatter und verbringt fast ihr ganzes Leben in oder am Ufer von Flußläufen, Seen, Teichen – nur sauber muß das Wasser sein. Gern sonnt sie sich auf einem Ast, der über die Wasserfläche hängt. Als perfekte Schwimmerin jagt sie kleine Fische und Amphibien, etwa Frösche und Molche. Wenn sie Fische jagt, bleibt sie vollständig untergetaucht. Zur Überwinterung sucht die Würfelnatter Felsspalten oder Erdlöcher auf. Ein Gelege umfaßt zwei bis sechs Eier. Da sich Würfelnattern nie weit vom Wasser entfernen und bei Gefahr sofort dahin zurückkehren, sind sie schwer zu fangen. Bei Bedrohung stellen sie sich tot. Werden sie gefangen, winden sie sich heftig, versuchen aber selten zu beißen.

Durch die Form des Kopfes und die Zeichnung wird die ungiftige Vipernatter, *Natrix maura*, oft mit der giftigen Kreuzotter verwechselt. Die Fotos auf dieser Seite zeigen beide Arten. Da sie auch noch in vielen Gegenden den Lebensraum teilen, wird die Vipernatter oft ungerechtfertigt als Giftschlange getötet. Ein gutes Unterscheidungsmerkmal ist der Schwanz, der bei der Kreuzotter nach Vipernart abgesetzt ist, bei der Vipernatter langsam dünner wird. (s. auch S. 112)

KREUZOTTER
Vipera berus

VIPERNATTER

Natrix maura

Man sieht auf der Abbildung die Zickzackzeichnung auf dem Rücken dieser Natter, die ihr den Namen und die Verwechslung mit der Kreuzotter einbrachte. Wegen dieses Merkmals geschieht ihr viel Unrecht und Leid, obwohl sie für keinen Menschen oder dessen Haustiere eine Gefahr darstellt. Die Vipernatter lebt in Zentral- und Südfrankreich, Norditalien, Sardinien, Spanien, Portugal, den Balearen, Marokko, Nordalgerien, Tunesien, Westlibyen und der Türkei. Auch sie bevorzugt Bäche, Sümpfe, Seen und Flüsse, aber man findet sie oft auch weit vom nächsten Gewässer entfernt. Die Vipernatter ist sehr aufmerksam und flink, sowohl an Land wie im Wasser. Da sie Sonnenbäder liebt, sieht man oft mehrere zusammen die Morgensonne genießen. Wenn es zu heiß wird, verbergen sie sich unter Felsen oder im Moos oder kehren ins Wasser zurück und ruhen dort zwischen Pflanzen. Es sind ausgezeichnete Schwimmer, die entweder ganz untergetaucht bleiben oder nur den Kopf über die Oberfläche halten. Ihre Nahrung bilden Amphibien, Aale und andere Fische, aber auch kleinere Vögel und Säugetierarten. Im allgemeinen wird die Beute, falls sie nicht zu groß ist, gleich im Wasser verschlungen. Ein weibliches Tier von 80 cm Länge hat ein Gelege von vier bis 20 Eiern, die am Rand des Gewässers abgelegt werden. Im Süden hält die Vipernatter nur kurze winterliche Ruheperioden, im Norden ihres Verbreitungsgebietes findet man sie oft mit anderen Arten zusammen in Winterquartieren, z.B. Fels- oder Erdspalten.

PECOS-RATTENSCHLANGE
Bogerthopis subocularis

Diese ungefährliche, aber ungewöhnlich große Natter bewohnt Mittel- und südliches Nordamerika vom westlichen Zentralmexiko über das südliche New Mexico bis Südwesttexas. Es ist eine Wüstenschlange, die trockene, fels- und spaltenreiche Gegenden bevorzugt. Dort ruht sie tagsüber in Erdbauten von Gürteltieren, Taschenmäusen oder anderen Nagern. Besonders bei großer Hitze verläßt sie diese Baue nicht vor dem Abend. Danach jagt sie Mäuse, Vögel und ab und zu Fledermäuse. Jungschlangen ernähren sich auch von Echsen. Erwachsene messen durchschnittlich 80-120 cm, maximal 165 cm. Weibchen legen drei bis acht, im Mittel fünf Eier. Da diese Schlange den größten Teil ihres Lebens in Kalksteinauswaschungen und anderen in Wüsten häufigen Höhlen verbringt, hat sie wenige Feinde. Falls sie verfolgt wird, unternimmt sie aber nur wenige Anstalten zu entkommen.

GRAUE ERDNATTER
Elaphe obsoleta spiloides

Man findet die Graue Erdnatter in den USA im Süden von Illinois und Indiana bis zum Mississippi, West-Georgia und Florida. Sie lebt in gehölzreichen Gegenden am Ufer von Bächen und im Unterholz auf Sandböden. Sie kann sehr kraftvolle Umschlingungen ausführen und stößt bei Gefahr oft mit der Schnauze zu, aber ihre Bisse sind harmlos. Durchschnittlich werden Graue Erdnattern 1,5 m, manchmal aber auch über 2 m lang. Sie ist ein ausgezeichneter Kletterer, und so findet man sie öfter auf Bäumen; daher erhielt sie auch den Namen Eichbaumschlange. Wie viele Rattenschlangen lebt sie auch in alten Gebäuden, Stallungen und verlassenen Siedlungen, ja sogar in Dörfern und Vorstädten. Ihre Hauptnahrung sind Nager, Vögel und deren Nestlinge. Weibchen legen pro Gehege etwa 30 Eier unter Stein- oder in Laubhaufen. Die Färbung der Erdnatter variiert von Grau mit bräunlichen Flecken bis Rußfarben oder Hellgrau mit dunkelgrauen Flecken.

GELBE RATTENSCHLANGE = GELBE ERDNATTER
Elaphe obsoleta quadrivittata

Diese Unterart findet man von Florida, Georgia, South-Carolina bis zur Küste von North-Carolina. Sie lebt in Hainen, alten bewachsenen Grundstücken und leeren Stallungen. Als gute Kletterin zögert sie nicht, Bäume zu erklimmen, z.B. zur Häutung. Dann ruht sie bis zum Ende dieses Vorganges. Sie kann sich sehr kraftvoll winden und zusammenziehen, ist aber für uns völlig harmlos. Ihre Hauptnahrung sind Nager und Vögel. Oft dringt sie in Nester und Hühnerställe ein und erbeutet Eier oder Nestlinge. Daher hat sie auch den Namen Hühnerschlange. Bei Bedrohung bildet sie ein S, öffnet das Maul und läßt ihren Schwanz wie eine Klapperschlange hin und her vibrieren, bevor sie rasch kraftvoll zubeißt.

KORNNATTER
Elaphe guttata

Die Kornnatter bewohnt Nadelwälder Nordamerikas vom Süden New Jerseys bis zur Halbinsel Florida und Westlouisiana. Neben Fichtenwälder auf Sandböden liebt sie Eichenhaine und Abholzungen, aber eigentlich findet man sie in jeder Vegetationszone dieser Gegend. Sie ist überwiegend nachtaktiv und sucht dann unter Bäumen, in umgestürzten, hohlen Stämmen, Holz- und Laubhaufen sowie Erdhöhlen nach ihrer Nahrung, vor allem Echsen, Kleinsäuger, Vögel und Fledermäuse. Wie andere sogenannte Rattenschlangen findet sie sich auch in verlassenen Gebäuden und Stallungen ein. Die Kornnatter ist etwas kleiner als ihre vorgenannten Verwand-

ten (maximal 1-1,8 m). Die Gelege umfassen neun bis 30 Eier. Wie die Gelbe Rattenschlange bildet sie bei Bedrohung ein S aus dem vorderen Körperteil, schwenkt den Schwanz schnell hin und her und beißt ohne Zögern zu. Trotz dieses auffallenden Verhaltens ist sie völlig harmlos.

ASIATISCHE RATTENSCHLANGE
Ptyas

Während sie in Zoos und Schauterrarien sehr häufig zu sehen ist, macht sich die Rattenschlange in der Natur viel rarer. Sie lebt in Südchina, Myanmar (ehemals Burma), Laos sowie Teilen Thailands und Assams. Dort bewohnt sie sehr unterschiedliche Lebensräume. Ihre Hauptbeute sind verschiedene Kleinsäuger, Fledermäuse und Vögel. Die Asiatische Rattenschlange kann sehr kraftvolle Umschlingungen vollführen, sowohl auf Bäumen wie am Boden. Wegen ihrer aparten Zeichnung ist diese schöne Art ein gesuchtes Handelsobjekt auf dem internationalen Markt für private Schlangenhalter.

LIEBESNATTER
Elaphe schrenckii

Diese Art, auch Russische oder Sibirische Rattenschlange genannt, bewohnt Nordostchina, Korea und den östlichen Teil der ehemaligen Sowjetunion, also insbesondere den asiatischen Teil Rußlands. Es handelt sich um eine außergewöhnlich kraftvoll würgende Schlange, aber sie ist, wie alle Arten der Gattung *Elaphe*, ungiftig. Ihr bevorzugter Lebensraum sind bewaldete Täler und Ebenen, aber auch Bergwälder der gemäßigten Zonen. Sie ernährt sich von Nagern, Vögeln und deren Gelegen bzw. Nestlingen. Ihre Vorliebe für Nager führt sie oft in die Nähe menschlicher Siedlungen oder Pflanzungen. Frisch geschlüpfte Jungtiere ernähren sich von neugeborenen Nagern und Jungvögeln. Liebesnattern werden nur selten mehr als 1 m lang, können aber ausnahmsweise das Doppelte erreichen.

PAKISTANISCHE DIADEMNATTER
Spalerosophis diadema

78

Diese in manchen Gegenden einfach Diademschlange genannte Schlange lebt in weiten Teilen Nordafrikas und westlichen Ausläufern Asiens. Die pakistanische Form hat meist einen schwarzen Kopf. Diademnattern erreichen in der Regel nur gerade 1 m Länge – bisweilen treten aber auch doppelt so lange Vertreter auf. Diese Schlange bevorzugt trockene und steinige Ebenen und Hügel. Man kann sie selbst in den heißesten Mittagsstunden bei der Jagd sehen. Ansonsten verbirgt sie sich unter Steinen und welken Pflanzen oder in Erdbauten kleiner Säuger. Erwachsene Diademnattern leben von Echsen, anderen Schlangen, Vögeln und Kleinsäugern. Jungtiere bevorzugen kleine Reptilien. Ein Gelege umfaßt mindestens ein Dutzend Eier. Diese werden unter Steinen oder in Erdbauten abgelegt. Obwohl Diademnattern sehr beißlustig sind, stellen sie keine Gefahr für uns dar.

BÜFFELSCHLANGE
Pituophis melanoleucus

Eine ausgesprochen schön gemusterte Schlange aus den Vereinigten Staaten. Sie bewohnt den Südteil New Jerseys, Virginia, Kentucky, Tennessee und Nordalabama. Ihr bevorzugter Lebensraum sind Nadelwälder, kleine Hügel und Dünen. Dort verbringt sie den größten Teil des Tages. Während der heißen Jahreszeit geht sie zu nächtlicher Jagd über. Die Büffelschlange ist sehr scheu und zieht sich meist in selbst gegrabene Gänge oder Baue anderer Tiere zurück. Nahrung sind Nager und andere Kleinsäuger oder Vögel. Bei der Jagd auf Kleinsäuger durchsucht sie oft viele Baue nacheinander. Wenn sie eine Familie erwischt, verschlingt sie oft ein Mitglied nach dem andern – während eines verschluckt wird, hindert sie die anderen am Weglaufen, indem sie mit ihren Körperschlingen den Bau versperrt. Vor dem Verschlingen wird die Beute erstickt. Junge Büffelschlangen ernähren sich wiederum von Echsen. Bevorzugte Ruheplätze sind Erdbauten von Kleinsäugern oder Landschildkröten, notfalls auch Höhlungen an großen Steinen oder in toten Bäumen. Ein Gelege umfaßt gewöhnlich mindestens acht Eier. Bei Bedrohung bläht die Büffelschlange ihren ganzen Körper auf, hebt angriffsbereit den Kopf, reißt das Maul weit auf und faucht heftig. Der Schwanz wird nach Art der Klapperschlangen hin- und hergeschüttelt. Büffelschlangen stoßen ohne Zögern zu, aber die Bisse sind völlig ungefährlich.

RECHTE SEITE, IM UHRZEIGERSINN VON OBEN:
Lampropeltis triangulum campbelli, *Lampropeltis getulus californiae* (Kalifornische Kettennatter), *Lampropeltis mexicana* (Mexikanische Königsnatter), *Lampropeltis pulchria* (Kalifornische Berg-Königsnatter)

VON OBEN NACH UNTEN:
Lampropeltis triangulum campbelli, *Lampropeltis triangulum sinaloae*, *Lampropeltis pyromelana pyromelana* (Arizona-Königsnatter)

Die Gattung *Lampropeltis*, deren Arten als Königs- bzw. Kettennattern bezeichnet werden, umfaßt leuchtend und auffallend gefärbte Schlangen, die leicht mit den hochgiftigen Korallenschlangen verwechselt werden können. Dies ist offenbar kein Zufall. Vielmehr handelt es sich um eine bei Schlangen häufige Erscheinung, die von Zoologen als Mimikry bezeichnet wird (s. S. 17). Alle haben schwarz/rot/gelb geringelte bzw. gebänderte Körper. Königsnattern und Korallenschlangen bewohnen nicht nur gleiche Lebensräume, man findet sie oft sogar in gleichen hohlen Baumstämmen. In der Regel stoßen bei den Korallenschlangen Rot und Gelb aneinander, ohne Schwarz dazwischen, aber es gibt auch viele Farbvariationen. Die Gattung *Lampropeltis* ihrerseits umfaßt etwa acht Arten und zahlreiche Unterarten in einem großen Verbreitungsgebiet von Südkanada bis Ecuador.

KÖNIGSNATTERN UND MILCHSCHLANGEN

Die *Lampropeltis-Arten* sind ungefährliche Würgeschlangen, die sich von Wirbeltieren (Nagern, Vögeln, Echsen und Schlangen, auch giftigen) ernähren. Sie besiedeln verschiedenste Lebensräume von der Meeresküste bis über 3000 m Höhe in den Anden, Wüsten genauso wie Wälder und Sümpfe. Ihre Größe reicht von 35 cm über 2 m. Meist sind sie nachtaktiv, aber bisweilen trifft man bestimmte Arten auch tagsüber bei der Jagd an. Weibchen legen zwischen fünf und 26 Eier. Wegen ihrer prachtvollen Färbung sind diese Schlangen sehr gesuchte Heimtiere.

Man findet diese Unterart der Dreiecksnatter in Honduras (an den Hängen zur Karibik hin), in Nicaragua und im Nordosten von Costa Rica. Sie ist scheu, lebt im Verborgenen und jagt nachts. Den Tag verbringt sie unter Steinen, umgefallenen Bäumen oder Pflanzenresten. Wie bei vielen *Lampropeltis*-Arten ist ihre Färbung sehr variabel. Der Name Milchschlange kommt von dem völlig absurden Gerücht, daß sie das Euter von Kühen austrinken würde. Wenn man sie in Ställen findet, dann auf der Jagd nach Mäusen und Nagetieren! Trotzdem hält sich dieser Irrglaube in vielen Ländern und führt zu heftiger Verfolgung. In Wirklichkeit jagt die Honduras-Dreiecksnatter vor allem Nager, Vögel, Echsen und Schlangen, wobei sie auch vor giftigen nicht zurückschreckt. Ein Gelege umfaßt zwischen drei und 18 Eier. Mit mehr als 1,2 m Länge ist *Lampropeltis triangulum hondurensis* eine der größten Dreiecksnattern.

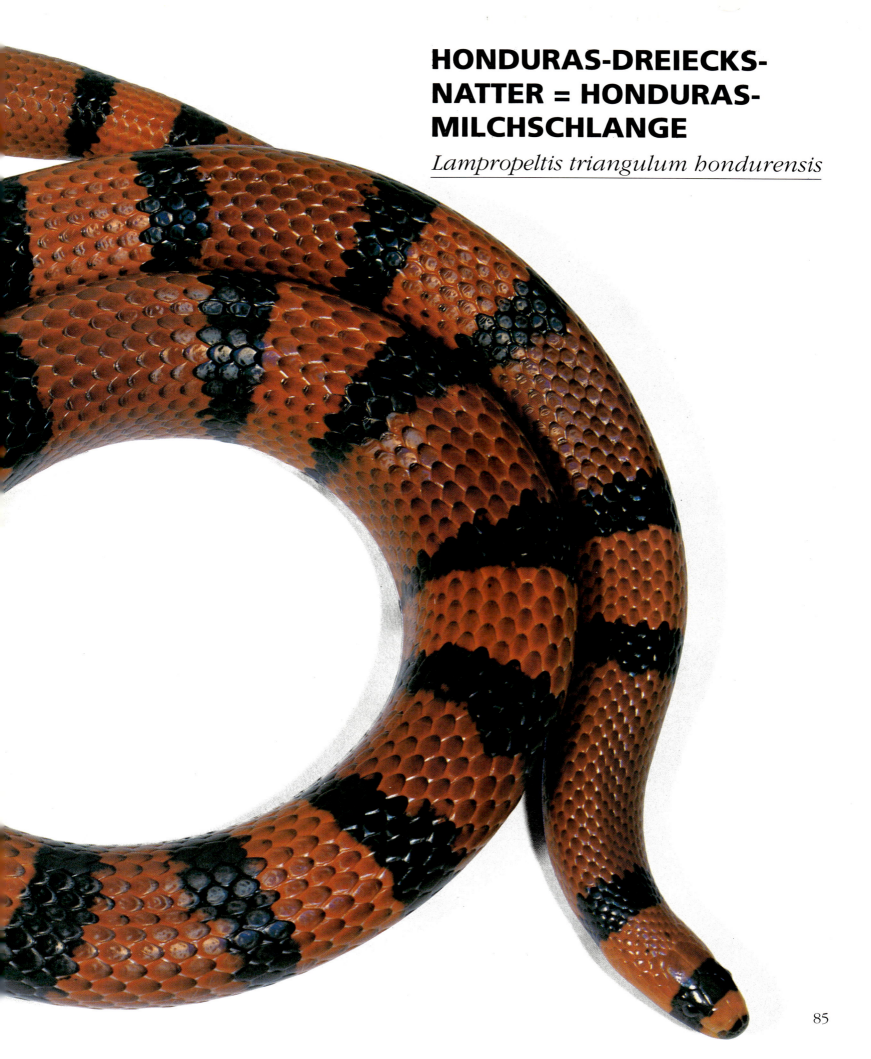

HONDURAS-DREIECKS-NATTER = HONDURAS-MILCHSCHLANGE
Lampropeltis triangulum hondurensis

BOOMSLANG
Dispholidus typus

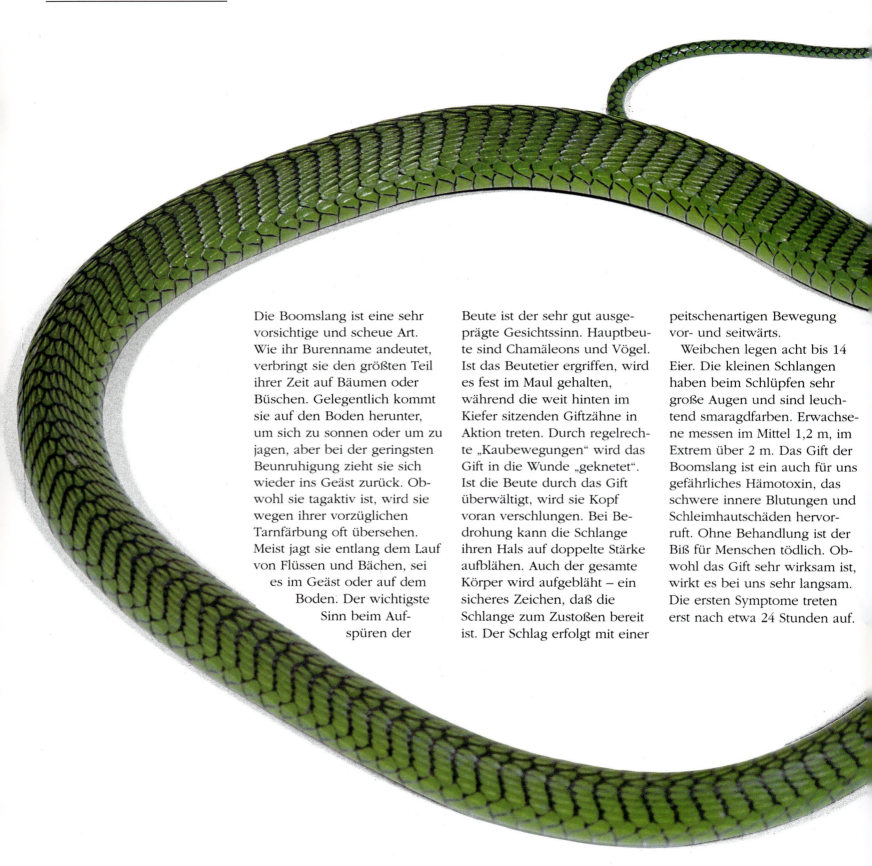

Die Boomslang ist eine sehr vorsichtige und scheue Art. Wie ihr Burenname andeutet, verbringt sie den größten Teil ihrer Zeit auf Bäumen oder Büschen. Gelegentlich kommt sie auf den Boden herunter, um sich zu sonnen oder um zu jagen, aber bei der geringsten Beunruhigung zieht sie sich wieder ins Geäst zurück. Obwohl sie tagaktiv ist, wird sie wegen ihrer vorzüglichen Tarnfärbung oft übersehen. Meist jagt sie entlang dem Lauf von Flüssen und Bächen, sei es im Geäst oder auf dem Boden. Der wichtigste Sinn beim Aufspüren der Beute ist der sehr gut ausgeprägte Gesichtssinn. Hauptbeute sind Chamäleons und Vögel. Ist das Beutetier ergriffen, wird es fest im Maul gehalten, während die weit hinten im Kiefer sitzenden Giftzähne in Aktion treten. Durch regelrechte „Kaubewegungen" wird das Gift in die Wunde „geknetet". Ist die Beute durch das Gift überwältigt, wird sie Kopf voran verschlungen. Bei Bedrohung kann die Schlange ihren Hals auf doppelte Stärke aufblähen. Auch der gesamte Körper wird aufgebläht – ein sicheres Zeichen, daß die Schlange zum Zustoßen bereit ist. Der Schlag erfolgt mit einer peitschenartigen Bewegung vor- und seitwärts.

Weibchen legen acht bis 14 Eier. Die kleinen Schlangen haben beim Schlüpfen sehr große Augen und sind leuchtend smaragdfarben. Erwachsene messen im Mittel 1,2 m, im Extrem über 2 m. Das Gift der Boomslang ist ein auch für uns gefährliches Hämotoxin, das schwere innere Blutungen und Schleimhautschäden hervorruft. Ohne Behandlung ist der Biß für Menschen tödlich. Obwohl das Gift sehr wirksam ist, wirkt es bei uns sehr langsam. Die ersten Symptome treten erst nach etwa 24 Stunden auf.

BRASILIANISCHE GLATTNATTER = FALSCHE WASSERKOBRA
Cyclagras gigas

Die Brasilianische Glattnatter ist eine beeindruckende, große Schlange (über 2 m Länge sind möglich), die im Zentrum Südamerikas beheimatet ist. Auch sie ist tagaktiv und bewohnt gestrüppreiche Anhöhen sowie Kaktusvegetation, aber auch Plantagen und Gemüsepflanzungen. Meist findet man sie nahe am oder im Wasser. Dies ist auch ihr bevorzugtes Jagdgebiet. Sie ist eine gute Frosch-, und Fischfängerin. In trockenen Gegenden ernährt sie sich auch von Vögeln und Kleinsäugern. Ihre hinteren Giftzähne sind mit sehr starkem, aber für den Menschen wenig gefährlichem Gift versehen. Trotz des erfolgten Giftbisses wird die Beute lebend verschlungen. Weibchen legen bis zu 36 Eier auf einmal. Der Name „Falsche Wasserkobra" ist irreführend, da es kaum Verwechslungsmöglichkeiten mit echten Kobras gibt. Lediglich die Drohhaltung – Kopf und vorderen Rumpfteil anheben, aufblähen und fauchen – erinnert an Kobras. Glattnattern zögern nicht, bei Störungen auch zuzustoßen.

GLANZSPITZNATTER
Oxybelis fulgidus

Hierbei handelt es sich um eine Schlange der tropischen Regenwälder, Sekundärwälder und höherwüchsigen Dickichte, die von Mexiko bis zum nördlichen Südamerika vorkommt. Seit einigen Jahren mehren sich Berichte, daß sie in menschliche Siedlungen, vor allem in die Hecken der Vorstädte, einwandert. Der schmale, spitze Kopf und der sehr dünne Körper erinnern stark an eine Liane. Oft hält sie den Vorderteil ihres Körpers senkrecht oder waagrecht völlig von einem Ast abgespreizt und verharrt in dieser Stellung völlig regungslos, bis eine Echse unvorsichtig nahe kommt. Dann stößt sie blitzschnell zu und erbeutet das Reptil. Die Glanzspitznatter ist tagaktiv. Sie klettert mühelos auf Bäumen und Büschen herum und gleitet auf der Nahrungssuche ungehindert zwischen den Lianen hindurch. Dort ist sie wegen ihrer Gestalt und Färbung sehr gut getarnt. Die hinten gelegenen Giftzähne dienen vor allem der Jagd auf Echsen, z.B. Anolis, aber auch Vögel werden gern genommen. Ist die Beute gepackt, wird das sehr schnell wirkende Gift eingespritzt. Glanzspitznattern erreichen 1,3-1,6 m Länge. Ein Weibchen legt pro Gelege vier bis sechs Eier.

MADAGASSISCHE RÜSSELSCHLANGE
Leioheterodon geayi

Auf Madagaskar bewohnt diese Schlangenart sehr viele verschiedene Lebensräume: tropische Regenwälder, Saumwälder, Savannen und offene Landstriche. Sie ist bodenlebend und verbringt den größten Teil des Tages in selbstgegrabenen Gängen, Felsspalten, unter hohen Bäumen oder in verrotteten Pflanzenresten. Abends begibt sie sich auf die Jagd nach Nagern, anderen Kleinsäugern und Amphibien. Die Neugeborenen ernähren sich nur von Fröschen. Bei Bedrohung bläht die sehr kräftig gebaute Schlange den Hals auf und faucht sehr laut hörbar, stößt aber nur selten zu. Mit jedem Gelege kann etwa ein Dutzend Eier abgelegt werden.

KAP-BAUMNATTER
Thelotornis capensis

Diese auch Lianenschlange, Zweig- oder Vogelschlange genannte Schlange ist in ganz Ost- und Südafrika weit verbreitet. Man findet sie auf Bäumen und Büschen, auch in Savannen und Küstenwäldern. Obwohl sie sich sehr schnell bewegen kann, verläßt sie sich meist auf ihre Tarnfärbung, die völlig an die Umgebung angepaßt ist, und ihre meisterliche Versteckkunst. So erbeutet sie Reptilien, vor allem Chamäleons, oder Vögel. Sobald sie die Beute gefaßt hat, wird das Gift in die Bißwunde gebracht und die Beute verschlungen, ohne daß die Schlange ihre oft frei von einem Ast herunterhängende Stellung aufgibt. Das Gift ist ein gefährliches Hämotoxin, das schwere, oft tödliche innere Blutungen hervorruft. Ihre hervorragende Tarnung verbirgt die Schlange vor den meisten Blicken. Wird sie bedroht, bläht sie den Hals auf und stößt mehrfach in kurzem Abstand zu. Erwachsene Weibchen, etwa 1 m lang, legen zwischen vier und 18 Eier in Baumstämme oder an andere feuchte Stellen. Maximal kann die Kap-Baumnatter 1,7 m lang werden.

MANGROVEN-RATTENSCHLANGE
Gonyosoma oxycephala

Diese leuchtend grüne Schlange mit dem rotbraunen Schwanz lebt in den Regenwäldern und Monsungebieten von ganz Südostasien und den Philippinen. Es ist eine lange, schlanke Art, die kaum jemals die Bäume verläßt, in deren Laub sie ausgezeichnet getarnt ist. Sie jagt bei Tag, vor allem Frösche, Echsen, Kleinsäuger, Vögel und deren Gelege. Mangrovenwälder und Bambusdschungel sind genauso ihr Lebensraum wie Hochebenen. Die Mangroven-Rattenschlange ist sehr aggressiv und beißt ohne Zögern zu, ihr Biß ist aber ungefährlich. Ein Weibchen legt fünf bis zwölf Eier.

95

KÖNIGSKOBRA

Ophiophagus hannah

Die Königskobra ist zugleich die größte und die gefährlichste Giftschlange. Ihr Verbreitungsgebiet erstreckt sich über weite Teile Südasiens – Indien, Indochina, Südchina, die Inseln des Indomalayischen Archipels, Bali und die Philippinen. Hauptsächlich bewohnt sie tropische Tiefland- und Bergwälder, Mangroven und sogar landwirtschaftlich genutzte Gebiete. Die Königskobra vermag ausgezeichnet zu schwimmen und fühlt sich im Wasser genauso wohl wie an Land. Ihre Hauptnahrung sind Schlangen, vor allem Kobras und Kraits, aber auch Vipern. Selten, wenn überhaupt, verletzen dabei die langen Giftzähne der Beute ein Organ der Königskobra – obwohl sie diese ohne Schwierigkeiten durchbohren könnten.

Die Königskobra kann ihr Gift nicht verspritzen. Obwohl sie zu Recht als sehr gefährlich gilt, ist sie eigentlich scheu und zieht es bei Störung vor, sich zu verbergen. Wird sie aber zur Verteidigung gezwungen, richtet sie sich in charakteristischer Stellung auf und stößt mit unvorstellbarer Geschwindigkeit zu. Das Gift ist fast beispiellos. Die Königskobra hat den Ruf, mit einem Biß einen Elefanten töten zu können. Die hohe Wirksamkeit des Giftes erklärt sich aus der bevorzugten Nahrung – Schlangen als sog. Kaltblüter (d.h. eigentlich in ihrer Körpertemperatur umweltabhängige Tiere) haben eine niedrige Stoffwechselrate, daher benötigt ihr Freßfeind ein besonders stark wirksames Gift.

Heutzutage ist die Königskobra sehr selten – ihr Lebensraum wird zunehmend zerstört. Aber eine Schlange von 5 m Länge oder mehr benötigt auch ein großes Streifgebiet, um satt werden zu können, so daß sie wohl auch früher nicht häufig war. Daher sind Königskobras auch nur selten die Ursache tödlicher Unfälle.

Die Königskobra ist die einzige Schlange, von der man weiß, daß sie für ihre Eier regelrechte Nester baut. Die weibliche Schlange häuft welkes Laub und anderes Pflanzenmaterial an, umringelt es mit ihrem Körper und formt daraus eine Nestmulde. Manche Nester sind sogar noch ausgeklügelter und haben regelrecht zwei Stockwerke. Das untere umhüllt die Eier, im oberen ruht die Mutter. Sie legt 40 bis 50 Eier, die sie während der Entwicklungszeit bis zu zwei Monate lang bewacht. In dieser Zeit sind die Mütter extrem angriffslustig und attackieren alles, was in ihre Nähe kommt – und eine bis zu 5 m lange Schlange hat einen sehr weiten Aktionsradius. Wenn die Königskobra sich aufrichtet und den Kragen in typischer Weise abspreizt, ist der Kopf mehr als 1 m über dem Boden. Man nimmt sogar an, daß auch der Vater nahe beim Nest bleibt, um es mit zu verteidigen. Die Brutpflege endet aber sofort nach dem Schlüpfen – Jungkobras müssen sofort danach allein zurechtkommen.

BLATTGRÜNE MAMBA
Dendroaspis angusticeps

Das Gebiet der Blattgrünen Mamba reicht von Ostafrika bis Südafrika. Sie ist streng baumlebend und bewohnt Küstenregionen wie auch Wälder. Die Blattgrüne Mamba ist sehr scheu und versteckt sich bei Gefahr im Laubwerk.

Das Vorkommen der Schwarzen Mamba erstreckt sich von Senegal und Kenia aus südwärts über ganz Afrika, sowohl in Savannen als auch trockeneren Wäldern. Die Schwarze Mamba ist elegant, flink und sehr schwer zu sehen, dazu hat sie tödliches Gift (und große Mengen davon). Kein Wunder also, daß sie berüchtigt ist. Im Durchschnitt erreicht sie 3 m Länge, kann aber auch 4,5 m lang werden. So gilt sie neben der Königskobra als längste und größte Giftschlange. Mambas sind tagaktiv. Nach der Jagd kehren sie stets in dieselbe Höhle zurück, sofern sie dort nicht gestört wurden. Auch sonnen sie sich gern, und auch das jeden Tag an derselben Stelle. Droht Gefahr, verschwindet die Mamba im Blattwerk oder einer Höhlung. Obwohl sie auf Bäumen wie auf der Erde zu finden ist, bevorzugt sie den Boden. Trotz ihrer Größe kann sie sich gut verbergen – bis zu einem Drittel des Körpers kann sie unter die Erde stecken. Die Höchstgeschwindigkeit der Schwarzen Mamba und auch anderer Schlangen wird oft übertrieben. Es ist kaum anzunehmen, daß sie mehr als 20 km/h erreicht. Wenn sie nicht schon durch vorherige Störungen nervös wurde, ist sie wenig angriffslustig und zieht wie die meisten Schlangen bei Störung die Flucht vor. Muß sie sich aber stellen, so reißt sie das Maul auf, zeigt die schwarze Mundschleimhaut, spreizt den Hals und bewegt die Zunge langsam auf und ab. In dieser Situation provoziert jede noch so kleine Bewegung des Gegenübers eine schnelle Serie von Bissen, die oft tödlich enden. Das Gift der Schwarzen Mamba ist ein starkes und vor allem sehr schnell wirkendes Neurotoxin.

SCHWARZE MAMBA
Dendroaspis polylepis

HARLEKIN-KORALLENSCHLANGE
Micrurus fulvius

Diese Schlange, durch ihre scharf abgesetzten gelben, roten und schwarzen Bänder gut erkennbar, bewohnt Gebiete von Florida bis North-Carolina und westlich bis zum Mississippi sowie auch Teile von Louisiana. Sie lebt an Flußläufen und in bewaldeten Ebenen, Nadelwäldern und dichtem Gebüsch. Zwar wird behauptet, sie sei rein nachtaktiv, in Wirklichkeit trifft man sie auch oft tagsüber bei der Jagd. Dann durchstöbert sie welkes Blattwerk und tote Pflanzenteile auf der Suche nach kleinen Schlangen, Echsen und jungen Nagern.

Die Harlekin-Korallenschlange verbirgt sich oft und lange in hohlen Bäumen, Laubhaufen oder sogar den Erdbauen von Schildkröten. Weibliche Tiere, im Schnitt etwa 50 cm lang, legen meist vier bis sieben, selten bis 13 Eier. Feinde der Harlekin-Korallenschlange sind andere Schlangen, Greifvögel und sogar große Ochsenfrösche. Sie selbst ist giftig und besitzt vorn im Kiefer kleine Giftzähne, versucht aber selten, zur Verteidigung zu beißen. Ihre Maulöffnung ist auch sehr klein, so daß größere Gegner nicht leicht zu beißen sind. Bei Bedrohung verbirgt sie lieber ihren Kopf in den Schlingen ihres Körpers. Das Gift ist ein Nervengift, das in der Umgebung der Bißstelle schnell heftige Schmerzen hervorruft. Ohne Gegenmaßnahmen kann der Biß für Menschen tödlich sein.

Diese Schlange trifft man in Angola, Namibia und Südafrika an. Sie lebt dort in unterschiedlichen Habitaten: auf trockenen und Sandböden, in der Savanne und in Hochwäldern. Sie ist kurz, aber bis zu 30 cm dick, bei einer Gesamtlänge von maximal 75 cm. Sie verbringt den Tag in selbst ausgegrabenen Höhlen, unter Steinen oder in Felsspalten. Abends beginnt sie ihre Jagd auf Echsen, kleine Schlangen und Nagetiere. Sie ist ein angriffslustiges Tier, das sich bei Störungen aufrichtet und seinen Schild aufbläht. Es wirft sich auf den Eindringling und versucht ihn zu beißen.

Das Weibchen legt im Sommer zwischen drei und elf Eier. Über das Gift dieser Schlange ist nur bekannt, daß es eine gefährliche neurotoxische Wirkung hat.

KAP-ZWERGSCHILDKOBRA
Aspidelaps lubricus

SCHILDKOBRA
Aspidelaps scutatus

Schildkobras leben in Teilen von Namibia, Botswana, Zimbabwe, Mosambik und im Norden der Republik Südafrika. Bevorzugter Lebensraum sind Savanne und Sandvelt. Ihre Lebensweise gleicht der Kap-Zwergschildkobra. Auch sie verbringt den Tag im Versteck und sucht nachts nach Nahrung, bevorzugt Kleinnager, Amphibien, Echsen und kleine Schlangen. Sie ist leicht an dem namengebenden Schild, einer großen Schuppe auf der Nasenspitze, zu erkennen. Dieser Schild dient ihr beim Graben wie die Räumschaufel einer Planierraupe. Normalerweise sind Schildkobras eher träge, aber nach der Regenzeit werden sie sehr aktiv. Wie andere Schlangen stellen sie sich oft bei Störungen zunächst tot. Sie reagieren ähnlich wie die Kap-Zwergschildkobra: Geht die Gefahr nicht vorüber, heben sie den Kopf, fauchen und schlagen zu, ohne den Hals zu spreizen. Weibchen legen Eier, wie nahezu alle Giftnattern. Die durchschnittliche Länge erwachsener Tiere ist 45 cm. Obwohl derzeit keine sicheren Fälle von tödlicher Wirkung des Bisses bei Menschen bekannt sind, wird das Gift als gefährlich betrachtet.

TODESOTTER
Acanthophis antarcticus

Australien, mit Ausnahme der Wüstengebiete und des extremen Südostens, Neuguinea und benachbarte Inseln sind das Verbreitungsgebiet der Todesotter. Sie ähnelt im Aussehen und im Verhalten einer Viper (z.B. mit dem dreieckig-abgesetzten Kopf und dem kurzen, abgesetzten Schwanz). Ihr Gift ist für Menschen tödlich. Besonders häufig sind Todesottern auf sandigem Boden und in krautig-bewachsenen Ebenen. Dort verbringen sie einen großen Teil des Tages halb eingegraben. Wie viele echte Vipern ist die Todesotter nachtaktiv und nutzt ihre Färbung, um Beute zu machen. Die kräftig und auffallend gefärbte Schwanzspitze wird hin und her bewegt, um ein Insekt oder anderes Kleintier vorzutäuschen. Jedes sich nähernde Tier wird sofort gebissen. Die Todesotter rollt sich zusammen und schlägt kraftvoll zu. Ihre Beute sind Kleinsäuger und Vögel, bisweilen auch Echsen. Selten werden Todesottern mehr als 50 cm lang, es sind aber Einzeltiere bis zu 1 m Länge beobachtet worden. Weibchen sind ovovivipar und können bei einem Wurf bis zu 20 Junge bekommen. Die Todesotter ist ein interessantes Experiment der Evolution: Mit dem kurzen, breiten Körper und dem dreieckigen Kopf ähnelt sie einer Viper, aber das Gebiß weist sie deutlich als Elapide, als Giftnatter, aus: große, vorn im Kiefer stehende, nicht drehbare Giftzähne.

PUFFOTTER

Bitis

Diese Schlange hat von allen afrikanischen Giftschlangen den schlechtesten Ruf. Ihr Verbreitungsgebiet reicht von der Südspitze Afrikas bis auf die Arabische Halbinsel und nach Marokko. Entsprechend weit gefächert sind auch ihre Lebensräume, von echten Wüsten bis zu tropischen Wäldern. Die Puffotter ist eigentlich träge und langsam, aber wenn es sein muß, schlägt sie sofort und ohne Vorwarnung zu. Eigentlich ist sie Bodenbewohnerin, aber bisweilen klettert sie, vor allem zum Sonnen, auch auf niedrige Bäume und Büsche, vor allem morgens und nach den nachmittäglichen Regenfällen, wenn der Boden naß ist. Ansonsten ist die Puffotter nachtaktiv. Oft wird sie auf geteerten Straßen überfahren, wenn sie sich auf dem warmen Asphalt wärmt. Puffottern ver-

lassen sich auf ihre perfekte Tarnzeichnung und Regungslosigkeit, um unentdeckt zu bleiben. In ihrem gesamten Verbreitungsgebiet verursacht sie viele schwere Bißverletzungen, da Menschen oft regelrecht auf sie oder direkt neben sie treten, ohne sie zu sehen. Die Puffotter stößt sehr zielsicher aus ihrem Versteck heraus zu, manchmal nach einem kurzen Zischen, das durch die Nase ausgestoßen wird (daher der englische Name Zischotter). Puffottern bewegen sich langsam durch geradliniges Kriechen vorwärts und benutzen dabei ihre großen, charakteristischen Bauchschienen als Abstützung. Selbst bei Störung zieht sie sich nicht in ihrer sonst typischen, seitlich schlängelnden Schlangenbewegung zurück. Die meisten Puffottern sind gute Schwimmer, und dabei sieht man selbst bei dieser Art laterales Schlängeln. Es gibt sehr viele Farbvariationen der Puffotter, von lebhaftem Gelb mit schwarzen Bändern bis zu Grau mit braunen Bändern. Unlängst hat man die rechts abgebildete, längsgestreifte Farbspielart gefunden. Das Gift der Puffotter ist ein ungemein wirkungsvolles zell- und gewebeauflösendes Cytotoxin, das Blutzellen und Muskel- sowie Bindegewebe schädigt. Die Symptome sind heftige Schmerzen, große Ödeme und Blasen rund um die Bißstellen, die wie Brandblasen aussehen. Glücklicherweise wirkt das Gift bei uns langsam. Ohne Gegenmaßnahmen dauert es mindestens einen Tag bis zum Tod. Die Giftzähne dieser Viper können immerhin bis 2 cm lang werden.

PUFFOTTER
Bitis

Außer dem Menschen hat die Puffotter noch viele andere Feinde: Greifvögel, Säugetiere und andere Schlangen stellen ihr nach. Ihre Beute sind Ratten, Mäuse und andere Kleinsäuger, aber auch bodenlebende Vögel, Echsen und Kröten. Zur Jagd legt sie sich auf die Lauer, schlägt blitzschnell zu und spritzt genügend Gift beim ersten Biß ein. Dann folgt sie mit Hilfe ihres Jacobsonschen Organs (s. S. 13) der Spur der Beute, indem sie durch schnelles Züngeln die Duftstoffe aufnimmt. An der Beute angekommen, untersucht sie sie ebenfalls durch Züngeln, packt sie unter Umständen mehrmals an verschiedenen Stellen, bis sie den Kopf gefunden hat, und beginnt erst dann zu schlingen. Der Schlingakt geht langsam vor sich, wobei ein Zahn nach dem anderen das Beutetier langsam ins Maul holt. Der ganze Vorgang kann eine gute Stunde dauern. In heißem Klima ist die Beute dann innerhalb von drei bis vier Tagen verdaut. Danach legt sie sich geduldig wieder auf die Lauer.

Weibliche Puffottern bekommen mit einem Wurf 20 bis 40, manchmal sogar 80 Junge. Jedes dieser Schlängchen mißt etwa 15-20 cm und ist noch in die Embryonalhüllen eingeschlossen, die es erst durch einige kräftige Streck- und Biegebewegungen durchstoßen und abstreifen kann. Eine besonders große weibliche Puffotter aus Ostafrika bekam mit einem Schlag 150 Junge – das ist absoluter Weltrekord aller bekannten Schlangennachkommenschaft.

GABUNVIPER
Bitis gabonica

Diese lebhaft gefärbte armdicke Schlange ist mit bis zu 2 m Länge die größte Viper Afrikas. Sie ist in ihrer Verbreitung auf feuchte bis tropische Wälder und Gebüschzonen vom Südsudan bis zum nördlichen Zululand in der Republik Südafrika beschränkt. Ihre auf dem Bild so bizarr aussehende Zeichnung ist eine ausgezeichnete Tarnung im Pflanzendickicht ihrer natürlichen Lebensräume, so daß sie nur sehr schwer zu finden ist. Grundsätzlich sind auch Gabunvipern Nachttiere, jedoch trifft man sie tagsüber beim Sonnenbaden auf dem Waldboden an. Im Vergleich zur Puffotter ist sie sehr zurückhaltend, wenn man ihr nicht zu nahe tritt oder sie anderweitig stört. Dann stößt sie eine Reihe langgezogener Zischlaute aus und richtet ihren Vorderkörper auf. Nur als allerletztes Mittel, z.B. wenn man über sie hinwegläuft, stößt sie zu. Dann aber ist sie ausgesprochen schnell und treffsicher. Im Gegensatz zu den meisten Vipern läßt sie ihre Beute nicht mehr los, bis das Gift wirkt. Sie jagt Nager, Hasen, kleine Affenarten, bodenlebende Vögel, Kröten, ja sogar kleine Antilopen.

Ein Wurf umfaßt gewöhnlich 16 bis 30 Junge, manchmal auch doppelt so viele. Das Gift der Gabunviper ist wie das der Puffotter ein Cytotoxin, aber die Giftmenge pro Biß ist bei der Gabunviper viel größer. Außerdem sind zusätzlich neurotoxische Bestandteile enthalten. Die Giftzähne können bis zu 5 cm messen und dringen tief ins Fleisch ein. Zum Glück schlägt sie selten zu. Ein tiefer Biß verursacht auch beim Menschen schwere Symptome und einen schnellen Tod, wenn nicht sofort Gegenmaßnahmen eingeleitet werden.

Diese Schlange besitzt, zumindest von allen Vipern, die farbenprächtigste Haut. Sie lebt in Kenia, Uganda und Sudan bis hin nach Zaire und Guinea im Westen. Ihr bevorzugter Lebensraum sind feuchte bis nasse Regionen, auch Sümpfe und Überschwemmungsgebiete, z.B. Mangrovenwälder. Wie die beiden vorherigen Arten ist sie überwiegend nachtaktiv, aber trotz ihrer bunten Färbung ist sie auch tagsüber sehr gut getarnt. Ihre Beute (Säugetiere, Frösche, Kröten und Fische) holt sie sich durch Lauerjagd. Weibchen sind ovovivipar. Pro Wurf können 25 bis 40 Junge geboren werden. Wie bei der Gabunviper ist auch der Biß der Nashornviper für den Menschen tödlich. Erwachsene Tiere messen für gewöhnlich 1 m, selten das Doppelte.

NASHORNVIPER

Bitis nasicornis

111

KREUZOTTER
Vipera berus

Zweifellos hat die Kreuzotter von allen Landschlangen das größte Verbreitungsgebiet. Sie kommt von Großbritannien über ganz Europa bis zum Polarkreis, außer im äußersten Süden, über die ehemalige Sowjetunion und Nordchina bis zur asiatischen Pazifikküste vor. Sie ist auch auf den Britischen Inseln und in Nordeuropa die einzige Giftschlange und die einzige Art, die am Polarkreis noch leben kann. Eine ganz wichtige Voraussetzung hierfür ist, genau wie bei der gleichfalls dort vorkommenden Bergeidechse, das „Ausbrüten" der Eier im Mutterleib, also die Geburt lebender Junger. Auch in großen Höhen, etwa in den Karpaten und im Ural bis nahe 3000 m, kann die Kreuzotter leben und ist bei Temperaturen von 3 °C noch bewegungsfähig. Ihr Lebensraum ist vielfältig: offene Wälder, krautige Hänge, Moore, Bruch- und Sumpfwälder. Dichtes Gebüsch dagegen meidet sie. Kreuzottern leben meist in größeren Ansammlungen, und ihr Vorkommen wird von der Überwinterungsmöglichkeit bestimmt. In der Umgebung der Winterquartiere müssen sowohl Sonnenplätze als auch reichlich Nahrung vorhanden sein. Sie jagt auch bei Tag oder lauert auf Beute. Nahrung sind Echsen, Kleinsäuger, Vogelküken, die sie erst beißt und deren Tod sie dann abwartet, wie die meisten Vipern es tun. Dann nähert sie sich, tastet das Opfer mit der Zunge ab und beginnt es am Kopf zu verschlingen. Ihr Gift ist zwar stark, aber wegen der geringen Menge pro Biß selten für Menschen lebensbedrohlich. In der Fortpflanzungszeit sind Männchen oft in heftige Kämpfe um ein Weibchen verwickelt. Diese Kämpfe sind Ring- und Wickelkämpfe, also ungefährliches Kräftemessen ohne Einsatz der Giftzähne, sogenannte Komment- oder Turnierkämpfe. Der Wurf eines weiblichen Tieres umfaßt vier bis zwölf Junge. Erwachsene sind im Durchschnitt 45 cm lang, können aber das Doppelte erreichen.

Diese Art ist die größte und zugleich gefährlichste Viper Europas. Sie lebt von Südwesteuropa bis Südwestasien. Im allgemeinen meidet sie Feuchtgebiete und bevorzugt steinige oder gebüschreiche Hänge. Auf dem Balkan finden wir sie in den trockensten Gegenden. Oft ist sie dort in Geröllhaufen oder an alten Natursteinmauern anzutreffen, vor allem wenn die Vegetation spärlich ist. Ganz kahle Stellen meidet sie aber. Besonders gern nimmt sie Sonnenbäder eingerollt auf Felsen oder langgestreckt auf tiefhängenden Ästen eines Busches oder Baumes. Besonders sonnenreiche Hügel haben es der an sich langsamen und trägen Schlange angetan. Sie ist weniger beißlustig und tagsüber weniger aktiv als die Kreuzotter. Besonders bei starker Hitze ruht sie dann meist. Hauptnahrung sind Mäuse, andere Schlangen, Echsen und Vögel. Junge Sandottern ernähren sich vorwiegend von Eidechsen und können deren Bestände durchaus dezimieren. Warmblütige Beutetiere werden nur kurz gebissen, dann losgelassen, bis der Tod eintritt. Anschließend holt sich die Sandotter ihr Beutetier und beginnt es mit dem Kopf voran zu verschlingen. Ihre zahlreichen Feinde umfassen z.B. Greifvögel, Iltisse und sogar Braunbären. Erwachsene Tiere messen im Durchschnitt 60 cm, maximal bis 1 m. Weibliche Tiere sind ovovivipar und tragen pro Wurf vier bis 15 Junge. Die Sandotter ist nicht aggressiv. Bei Bedrohung verbirgt sie sich lieber. Hilft das nicht, beginnt sie zu fauchen. Ihr Biß erfolgt sehr schnell und kann ohne rechtzeitige Behandlung für Menschen tödlich sein.

SANDOTTER
Vipera ammodytes

ZWERGPUFFOTTER = NAMIBVIPER
Bitis peringueyi

Diese winzige Viper (durchschnittlich 20-25 cm, maximal 30 cm lang) lebt im Süden Angolas und Namibias, in den Dünen an der Westküste Afrikas, über die stets ein sanfter Wind streicht. Sie ist bekannt wegen ihrer Fortbewegung durch Seitenwinden, die einzige mögliche Art für ein Reptil ohne Beine, im lockeren Sand voranzukommen. Stets sind dabei jeweils nur zwei kurze Abschnitte des Körpes auf dem heißen Sand aufgelegt. Sobald ein Teil angehoben und in einer parallelen Spur wieder niedergelegt worden ist, folgt der nächst hintere Abschnitt nach. Dadurch ist nie der ganze Körper mit dem heißen Sand in Kontakt. Sowohl um der Hitze zu entgehen als auch auf Beute zu lauern, gräbt sich die Zwergpuffotter in den Sand ein. Nur die Oberseite des Kopfes guckt noch heraus, vor allem die Augen, dazu die Schwanzspitze. Auf diese Art fängt sie kleine Echsen: Sobald sich eine nähert, wird die schwarze Schwanzspitze hin- und hergeschwenkt, um die Bewegung eines Insekts vorzutäuschen. Die Echse will ihre vermeintliche Beute schnappen – und findet sich im Maul der Schlange wieder. Die Augen der Zwergpuffotter sitzen ganz oben am Kopf und sind für diese Jagdmethode ideal. Abkühlung und Flüssigkeit verschafft der Schlange nur die Luftfeuchtigkeit, die der Wind vom Atlantik bringt. Diese schlägt sich auf der Körperoberfläche nieder. Das Gift ist leicht gewebsschädigend und ruft bei uns schmerzhafte Entzündungen hervor. Pro Wurf werden drei bis zehn Junge geboren.

TEXAS-KLAPPERSCHLANGE
Crotalus atrox

Diese bekannte Schlange ist in Nordmexiko, Texas, Arkansas und Südostkalifornien anzutreffen. Sie ist recht lang – durchschnittlich 1,3 m, aber zum Teil auch über 2 m. Die Texas-Klapperschlange lebt in trockenen Ebenen, Halbwüsten mit Gestrüpp, in Canyons, Wüsten und lichten Wäldern. Grundsätzlich ist sie nachtaktiv, kann aber auch den Morgen über oder am Spätnachmittag jagen. Hauptbeute sind Kleinsäuger und Vögel. Weibchen werfen auf einmal vier bis 25 Junge. Wenn Gefahr droht, rollt sich die Texas-Klapperschlange in Angriffsposition ein, schlägt heftig mit der Schwanzspitze, wobei das berüchtigte Rasseln ertönt, und bewegt die Zunge schnell auf und ab. Vielfach werden Bisse von dieser Art gemeldet, die ohne Behandlung tödlich sein können. Eine Besonderheit ist noch die Überwinterung – dabei können sich über hundert Tiere versammeln.

VENEZOLANISCHE KLAPPERSCHLANGE
Crotalus vegrandis

Diese kleine, weitgehend unbekannte Klapperschlange lebt nur im venezolanischen Bundesstaat Monogas. Sie ist noch kleiner als die Südamerikanische Klapperschlange und erreicht selten mehr als 1 m Länge. Ihr Lebensraum sind Savannen, Trockenwälder und Dorngestrüpp. Den größten Teil des Tages verbringt sie im Erdbau eines Gürteltiers, unter totem Pflanzenmaterial, in einer Erdspalte, dem hohlen Stamm eines Baums oder Kaktus oder ähnlichen Verstecken. Dieses Versteck verläßt sie höchstens kurz zum Sonnenbaden. Erst nachts wird sie aktiv, sucht Kleinsäuger, Vögel oder manchmal große Echsen. Die sehr lebhaft gefärbten Jungtiere ernähren sich hauptsächlich von Echsen, Jungtieren der Kleinsäuger sowie Insekten und Heuschrecken oder Grillen. Das Gift der Venezolanischen Klapperschlange ist sehr wirkungsvoll und für den Menschen lebensbedrohlich.

TROPISCHE KLAPPERSCHLANGE
Crotalus durissus

Die Cascaval, auch Tropische Klapperschlange genannt, lebt von Südmexiko bis Costa Rica. Sie ist wohl die gefährlichste Klapperschlangenart. Ihr Lebensraum ist sehr vielgestaltig: Trockenwälder, Gehölze und Dorngestrüpp, Felshänge, Steppen, Pinienhaine, Palmenwälder, natürliche Lichtungen in den Berg- und Nebelwäldern an der Küste, die stets wolkenverhangen sind, aber auch Rodungs- und landwirtschaftliche Anbauflächen. Man findet sie auch in dichten Wäldern, aber nie im Regenwald. Im Durchschnitt erreicht sie etwa 1,2 m, maximal 2 m Länge. Wegen ihrer Zähigkeit und leichten Reizbarkeit ist sie überall gefürchtet. Wird sie mit einer Gefahr konfrontiert, so nimmt sie Angriffsstellung ein, rollt sich ein, zieht den Kopf S-förmig zurück, hebt ihn an und schüttelt heftig ihre Schwanzrassel. Während des Rasselns beobachtet sie unablässig den Gegner, zieht langsam die Zunge zurück und wartet auf die Gelegenheit zum Zustoßen. Die Tropische Klapperschlange verursacht viele tödliche Vergiftungsfälle. Ein Gebissener braucht sehr große Mengen Serum. Der Biß wird meist von einer schmerzhaften Schwellung, dann von Taubheit des gebissenen Gliedes in der Umgebung des Bisses, Muskelschmerzen, Schwäche- und Brechanfällen gefolgt. Da oft die Halsmuskeln befallen werden, nennt man die Symptome in manchen Gegenden „gebrochener Hals".

DIAMANTKLAPPERSCHLANGE
Crotalus adamanteus

Diese Art lebt im Südosten der USA und kann maximal 2,6 m lang werden. Durchschnittlich werden aber nur 1,2 m erreicht. Sie liebt trockene Gebiete, gespaltene Baumstämme oder wirres Wurzelwerk. Besonders aktiv ist sie in der Abend- und Morgendämmerung. Durch Lauerjagd sucht sie Hasen und andere Kleinsäuger zu erbeuten. Weibchen gebären auf einmal sechs bis 21 Junge. Das Gift ist potentiell tödlich und erfordert sofortige Gegenmaßnahmen.

ZWERGKLAPPER-SCHLANGE

Sistrurus miliarius

In North Carolina, im Süden Floridas, im Osten Oklahomas und in Zentraltexas lebt die Zwergklapperschlange in lichten Wäldern, vor allem Mischwäldern und Sumpfwäldern, und in Feldern, die an kleine Wasserflächen grenzen. Obwohl man sie meist nahe an Gewässern findet, hat sie als Untergrund am liebsten Sandböden. Ihre Hauptaktivitätszeit ist der Nachmittag und frühe Abend. Die Ruhephasen verbringt sie in Erdbauen, unter Pflanzenresten oder in toten Baumstämmen. Mittags nimmt sie gern ein Sonnenbad. Ihre bevorzugten Beutetiere sind Echsen, Insekten, Mäuse und andere Kleinsäuger, Frösche, Kröten und Jungvögel. Sie hat viele natürliche Feinde: Indigoschlangen, Königsnattern, Korallenschlangen, Greifvögel, Opossums, Stinktiere und Hauskatzen stellen ihr nach. Die größte Bedrohung für die Zwergklapperschlange aber ist die Zerstörung ihres Lebensraumes durch den Menschen. So fallen jährlich viele beim Überqueren von Straßen dem Verkehr zum Opfer.

Ein Wurf eines weiblichen Tieres umfaßt zwischen drei und 32 winzige Schlangen. In der Paarungszeit liefern sich die männlichen Zwergklapperschlangen Ringkämpfe, bei denen sie mit ihren aufgerichteten Vorderkörpern gegeneinander drücken und sich teilweise umwinden. Verlierer ist, wer zu Boden gedrückt wird. Seine Flucht beendet den ungefährlichen Turnierkampf. Die Giftzähne werden bei diesen Auseinandersetzungen nie eingesetzt. Das Gift der Zwergklapperschlange verursacht beim Menschen zunächst schmerzhafte Anschwellungen, ist aber nicht tödlich. Trotzdem sollten nach einem Biß geeignete Gegenmaßnahmen eingeleitet werden.

Im Englischen und Französischen nennt man diese Art Baumwollmundschlange. Sie ist von Südwestvirginia über Zentraltexas bis in den Keys von Florida zu finden. Sie ist in brackigen Sümpfen, Überflutungsebenen, Seen und Flüssen, Teichen und Ent- bzw. Bewässerungsgräben zu Hause. Tagsüber nimmt sie sehr gern Sonnenbäder, nachts wird sie dann aktiv: Dann jagt sie Fische, Schlangen, Echsen, junge Alligatoren und sogar Dosenschildkröten.

Pro Wurf können bis zu 16 Jungtiere zur Welt gebracht werden. Bei Bedrohung öffnet sie ihren großen Mund, zeigt den weißlich gefärbten Gaumen (daher der Baumwollmund = Cotton mouth) und schlägt sehr schnell zu. Ihr Gift ist sehr wirkungsvoll und kann für uns tödlich sein.

WASSERMOKASSINSCHLANGE

Agkistrodon piscivorus

LANZENOTTER
Bothrops neuwiedi

Diese Grubenotter findet man in Bolivien, Paraguay, Uruguay und Argentinien. Sie ist Bodenbewohnerin und bevorzugt trockene oder steinige Savannen, Dorngebüsche, gemäßigte und tropische Wälder mit laubabwerfenden Bäumen. Sie ist durchschnittlich 70 cm lang, kann aber vereinzelt 1,2 m erreichen. Nahrung sind Echsen und Kleinsäuger. Die Lanzenotter ist erstens sehr giftig und zweitens beißlustig, so daß sie, vor allem im Süden ihres Verbreitungsgebietes, viele Vergiftungsfälle heraufbeschwört. Die Opfer müssen sofort behandelt werden. Wie bei vielen südamerikanischen Schlangen wissen wir auch über diese Art, ihre Verbreitung sowie die Struktur und Wirkung ihres Giftes noch sehr wenig.

SCHLEGELSCHE LANZENOTTER
Bothrops schlegeli

Das Verbreitungsgebiet dieser Schlange, die englisch Wimperschlange heißt, reicht von Südmexiko bis Venezuela und bis zum Äquator. (Der englische Name rührt von den kleinen gekörnelten Schuppen über den Augen her.) Ihre Färbung kann von Grün, Olivgrün mit rötlichen Flecken bis Gelbgrün mit braunen oder sogar schwarzen Flecken variieren. Das Tier auf dem Foto ist mit vielen hellen Flecken besät – eine ungewöhnliche Farbvariante. Die Schlegelsche Lanzenotter ist streng baumlebend und verbringt den Tag meist auf einem Zweig eingerollt. Nachts durchstreift sie tropische Regenwälder, Bergwälder oder feuchte subtropische Wälder auf der Suche nach Echsen und Fröschen. In Gefangenschaft gewöhnt sie sich leicht an Mäuse als Ersatzkost. Durchschnittlich werden Erwachsene 60 cm, selten 80 cm lang. Im ganzen Verbreitungsgebiet ist sie sehr häufig und wird oft versehentlich mit Bananenladungen auf Schiffen verschleppt. Wegen ihrer Aggressivität, den langen Giftzähnen und dem starken Gift ist sie sehr gefährlich. Sie kann sogar zubeißen, während sie von einem Ast herunterhängt und sich nur mit ihrem Greifschwanz festhält. Ein Biß kann für Menschen leicht tödlich sein. Zudem hinterläßt das Gift schwere Gewebsschäden, falls die Opfer überleben.

Diese zu den Vipern, nicht zu den vorher gezeigten Grubenottern zählende Giftschlange lebt in den tropischen Gebirgszügen Zentralafrikas bis nach Ost- und Südtansania, Sambia und Malawi. Die Färbung der Haut kann von leuchtendem Grün über Olivgrün bis Grünbraun mit unregelmäßigem oder Zickzackmuster variieren. Auch der Kopf ist bei verschiedenen Tieren unterschiedlich groß, trägt aber stets ein schwarzes V und ist von größerem Durchmesser als der Rumpf. Die Schuppen überlagern sich dachziegelartig. Man nimmt an, daß der Greifschwanz dieser Viper auch als Köder zum Anlocken der Beute dient. Während der Rest der Schlange perfekt getarnt ist, wird die gefärbte Schwanzspitze hin und her bewegt und lockt so als Insektenattrappe Echsen oder Frösche an. Nager und Vögel können ebenfalls zum Speiseplan der Baumviper kommen, und auch als Nesträuber ist die Baumviper bekannt. Wie der Name vermuten läßt, ist sie streng baumlebend. Meist findet man sie auf tiefliegenden Ästen oder Büschen, bisweilen aber auch in mehr als 7 m Höhe. Bevorzugter Lebensraum sind Waldgürtel an Berghängen, hochgelegene Sümpfe und Uferwälder entlang Flüssen und Seen. Jagdzeit ist meist nachts, tags kann man sie beim Sonnenbaden antreffen. Die Nitschesche Baumviper ist eine der kleinsten baumlebenden Vipern mit durchschnittlich 30-40, maximal 70 cm Länge. Die Weibchen sind ovovivipar. Obwohl die Art in ihrem Verbreitungsgebiet sehr zahlreich vorkommt, sieht man sie wegen ihrer guten Tarnung selten. Das Gift ist zwar stark und gewebsschädigend, scheint aber für uns nicht tödlich zu sein.

NITSCHESCHE BAUMVIPER

Atheris nitschei

SUMPFOTTER
Atheris superciliaris

Auch diese Schlange aus Mosambik und vom Ufer des Sambesi zwischen Malawisee und Tansania ist eine Viper. Sie liebt feuchte Ebenen, Sümpfe und Überschwemmungswiesen. Obwohl nur 40, maximal 60 cm lang, ist das Tier sehr kräftig und robust gebaut. Sumpfottern leben sehr versteckt, ihre Lebensweise ist weitgehend unbekannt. Den Tag verbringen sie in Nagetierbauten und kommen erst nach Einbruch der Nacht heraus, um Frösche zu jagen. Bei der Jagd bleiben sie meist auf dem Boden. In Gefangenschaft lassen sie sich leicht an Mäuse als Ersatzbeute gewöhnen. Ein Wurf eines Weibchens umfaßt drei bis acht Junge. Die Sumpfotter ist sehr aggressiv und beißt leicht zu. Ihr Gift ist gefährlich, seine Wirkung und Zusammensetzung sind noch recht unbekannt.

PLÄTTCHEN-SEESCHLANGE
Pelamis platurus

Sie wird auch Hochseeschlange genannt und hat von allen Schlangen flächenmäßig das größte Verbreitungsgebiet. Sie ist in allen warmen Meeren zu Hause – im Indischen wie Pazifischen Ozean, an der Ost- und Südküste Afrikas genauso wie an der Westküste des tropischen Amerikas. Sie ist eine wirklich pelagische Schlange, die auf hoher See entweder aktiv schwimmt oder sich bewegungslos von den Meeresströmungen treiben läßt, selbst bei Belästigung. Man findet sie oft in den Oberflächenströmungen, die Tang, Pflanzenteile, Kokosnüsse, tote Bäume und Schaum bis an den Spülsaum der Küsten heranführen. Diese Reste locken nämlich im Wasser vielerlei kleine Fische an, von denen sich die Seeschlange ernährt. Diese Fische versuchen sich im Treibgut zu verstecken und werden dabei leicht zur Beute der Schlange.

Wie die meisten Seeschlangen ist auch die Plättchen-Seeschlange hervorragend an das Leben im Meer angepaßt. Der Körper ist seitlich zusammengepreßt, der ruderförmige Schwanz verleiht ihr Ähnlichkeit mit einem Aal. Die Schuppen auf der Bauchseite sind winzig, da im Meer ja keine großen, spreizbaren Schienen zum Festhalten nötig sind. Die meisten Seeschlangen fühlen sich auf festem Boden unwohl. Auch ihr Kreislauf macht ihnen dort Probleme. Wenn der Gegendruck des Wassers fehlt, werden die Blutgefäßwände überdehnt. Die Plättchen-Seeschlange schwimmt durch seitliches Schlängeln und erreicht dabei Geschwindigkeiten, die durchaus einer sehr schnellen Art an Land entsprechen, also ca 15 km/h. Sie ist eigentlich nicht aggressiv, zögert aber nicht, bei Belästigung zuzubeißen. Durchschnittlich sind erwachsene Tiere 40-60 cm lang, Männchen maximal bis 75 cm, Weibchen bis 1 m. Weibchen können auf einmal zwei bis acht Junge zur Welt bringen. Das Gift ist ein sehr wirkungsvolles Neurotoxin, dessen chemische Struktur vergleichsweise ursprünglich geblieben ist. Trotzdem ist es auch für uns potentiell tödlich.

In manchen Bereichen ihres Verbreitungsgebietes, etwa an der Südküste Afrikas, ist sie sehr selten. Man findet sie bisweilen nach Stürmen von Wellen an den Strand geworfen.

SEMPERSCHE RUDERSCHLANGE = TAAL-SEESCHLANGE
Hydrophis semperi

Diese auch Duhol genannte Seeschlange ist nur im Süßwasser zu finden. Sie lebt ausschließlich im Taal-See, im Süden der philippinischen Insel Luzon. Dieser See ist ringsum von Land umschlossen, eigentlich ist es der Krater eines manchmal noch aktiven Vulkans. Der See hat etwa 20 km Durchmesser und ist über einen etwa 10 km langen Abfluß mit dem Meer verbunden. Während viele Seeschlangen schon mal einen Abstecher ins Süßwasser machen und dann ins Meer zurückkehren, bleibt die Duhol stets im See. Sie ist recht klein, 50 bis maximal 80 cm.

Von ihrem Leben ist wenig bekannt, außer daß sie wie die meisten Seeschlangen von Fischen lebt. Sie wird nicht im großen Stil gejagt, aber die Fischer am See betrachten sie als schmackhafte Beute, da ihr Fleisch sehr fettreich ist.

PERON-SEESCHLANGE
Acalypthophis peroni

Sie lebt an der Wasseroberfläche entlang von Riffen, meidet aber Untiefen. Ihr Verbreitungsgebiet erstreckt sich von Nordaustralien bis Süd-Neuguinea, wo sie besonders nachts häufig zu finden ist.

Kopf und Hals sind dünner als der Rest des Körpers, was ihr bei der Jagd auf Aale und andere im Boden eingegrabene Fische hilft. Erwachsene Tiere sind durchschnittlich 1 m lang. Weibchen gebären auf einmal acht bis zehn Junge. Die Peron-Seeschlange ist friedfertig und versucht selten zu beißen.

HARDWICKS PLUMPSEESCHLANGE
Lapemis hardwickii

Im gesamten Südasien, vom Golf von Bengalen bis zur Malayischen Halbinsel, von Indonesien bis nach Australien und Neuguinea bewohnt die Hardwick-Plumpseeschlange Flußmündungen, Küstengewässer an Felsküsten und strandnahe, klare Flachgewässer. Häufig sieht man sie in den flachen Flußmündungen entlang der vietnamesischen, malayischen und philippinischen Küsten, besonders in der Regenzeit von Juli bis November.

Die Oberseite kann olivgrün, mit grünlichem oder gelblichem Stich und breiten Querbinden gefärbt sein, während die Bauchseite blaß cremefarben bis gelblich gefärbt ist. Der verbreiterte Schwanz ist mit einer schwarzen, flügelartigen Zeichnung versehen. Erwachsene Tiere messen etwa 70 cm, können aber auch 1 m erreichen. Männliche Tiere haben auf der ganzen Bauchseite bedornte Schuppen.

Die Hardwicks Plumpseeschlange lebt von Beutetieren des freien Wassers, Fischen der Sand- und Felstümpel und von nachtaktiven Fischen, die sie während ihrer Tagesruhe überwältigt. Die Jagdmethode ist praktisch bei allen Seeschlangen gleich: vorsichtiges Anpirschen, schnelles Zuschlagen und ein wirkungsvoller Giftbiß.

Häufig wird sie in Fischernetzen in Tiefen von 20-30 m gefangen. In manchen Gegenden landet sie am häufigsten von allen Seeschlangen in den Schleppnetzen. Die Fischer schätzen es überhaupt nicht, wenn sie diese Schlange in ihren Netzen finden. Sie wird ohne weitere Vorsichtsmaßnahmen mit bloßen Händen ergriffen und ins Meer zurückbefördert. Man hält sie nicht für besonders angriffslustig, aber es sind schon viele Fischer ihren Giftbissen erlegen. Forscher zählen sie zu den gefährlichsten Seeschlangen.

NATTERN-PLATTSCHWANZ
Laticauda colubrina

In den Küstengewässern Neuguineas und der Pazifikinseln von Südostasien bis Japan finden wir diese Seeschlange vor allem in Flachwasserstellen um Riffe. Sie ist nachtaktiv und liegt tagsüber oft zum Sonnenbaden auf Felsen oder Korallenriffen oder in überfluteten Mangrovenwäldern.

Im Gegensatz zu den meisten Seeschlangenarten verbringt sie einen Großteil der Zeit auf festem Boden, in Felsspalten oder ausgespülten Bereichen, gut geschützt, oft in beträchtlicher Entfernung vom Wasser. Zur Jagd aber sucht sie ihr angestammtes Element auf. Hauptnahrung sind Aale und andere Fische. Erwachsene Tiere sind durchschnittlich 1 m lang, Weibchen größer als Männchen. Zur Eiablage an Land, in Felsspalten oder Grotten, versammeln sich oft Hunderte von Nattern-Plattschwänzen am Strand.

Auf den Philippinen werden ihre Bestände in großem Stil ausgebeutet, sowohl wegen der Haut als auch wegen ihres Fleisches. Gerüchte besagen dann auch noch, daß ihre Gallenblase das Sehvermögen verbessere. Zehntausende werden jedes Jahr getötet (allein mehr als 10 000 pro Jahr auf der philippinischen Insel Gato). Vor allem der ausgedehnte Handel mit den Häuten stellt eine große Gefahr für die Art dar.

Der Körper ist mit glatten Schuppen bedeckt, hat eine bläulich/blaugraue Grundtönung und ist mit 20 bis 65 Ringen umzogen. Auch bei ihr, wie bei den meisten Seeschlangen, ist der Schwanz zum Ruder abgeflacht – auch er ist von schwarzen Ringeln gezeichnet.

Obwohl ihr Gift sehr stark ist, wird nur selten ein Mensch Opfer. Sie ist überhaupt nicht angriffslustig und injiziert bei jedem Biß nur kleine Mengen Gift.

WALO WALO
Hydrophis belcheri

Die Walo Walo-Ruderschlange lebt auf der Malayischen Halbinsel und in Neuguinea. Sie ist völlig wasserlebend, wie die Gelbbauch- oder Plättchenseeschlange, und geht nie an Land, es sei denn, ein Sturm wirft sie heraus. Der Körper ist langgestreckt, der Hals lang und der Kopf klein.

Erwachsene Walo Walo sind einen Meter oder noch länger. Sie sind an ihren etwa 60 Streifen, am Bauch heller als am Rücken, erkennbar. Weibchen gebären ihre Jungen im Meer. Die Walo Walo ernährt sich rein von Fischen und steht in dem Ruf, die Netze von Fischern zu plündern. Deshalb werden jedes Jahr Tausende gefangen. Wenn man sie festhält, beißt sie wütend zu. Unzählige Fischer werden so gebissen, wenn sie ihre Netze entwirren. Die Bisse können tödlich sein. Auf den Philippinen wird sie wegen ihrer Haut und ihres Fleisches verfolgt.

REGISTER

A

Acalypthophis peroni 137
Acanthophis antarcticus 104
Acrochordus 29
Achrochordus arafurae 29
Acrantophis madagascariensis 48
Afrikanische Blindschlange 36
Afrikanische Eierschlange 17, 22-23
Afrikanische Lianenschlange 16, 23, 29
Afrikanische Pfeilotter 22
Afrikanische Wasserkobra 29
Agkistrodon piscivorus 125
Ägyptische Kobra 7
Amerikanische Strumpfband-natter 12
Anakonda 38
Angola-Python 4, 23, 54, 55
Aparallactus 23
Argentinische Königsschlange 44
Arizona-Königsnatter 82
Asiatische Rattenschlange 32, 74
Aspidelaps lubricus 102
Aspidelaps scutatus 103
Atheris nitschei 131
Atheris superciliaris 132
Atractaspis 28

B

Bitis 106, 108
Bitis arietans 26, 27
Bitis gabonica 14, 16, 27, 110
Bitis nasicornis 111
Bitis peringueyi 18, 23, 116
Blattgrüne Mamba 16, 98
Blattnasennatter 28
Blindschlangen 28
Boa 18
Boa constrictor 45
Boa constrictor occidentalis 44
Boaedon fuliginosus 25
Bogerthopis subocularis 66
Boiga dendrophila 29
Boomslang 6, 16, 20, 26, 31, 86

Bothrops jararaca 27
Bothrops neuwiedi 127
Bothrops schlegeli 128
Boulengerina annulata 29
Brasilianische Glattnatter 89
Braune Hausschlange 12, 25
Brillenschlange 8
Büffelschlange 80
Bungarus fasciatis 26
Buntpython 29, 56

C

Calabaria reinhardtii 28, 58
Cascaval 26, 121
Causus rhombeatus 17, 22
Chondropython viridis 31
Chrysopelea 19
Coluber spec 29
Colubridae 20, 31
Corallus caninus 16, 17, 42
Crotalus adamanteus 11, 121
Crotalus atrox 13, 118
Crotalus durissus 26, 121
Crotalus lepidus 17
Crotalus vegrandis 119
Cyclagras gigas 89

D

Dasypeltis 22
Dasypeltis scabra 17, 23
Dendroaspis angusticeps 16, 98
Dendroaspis polylepis 17, 27, 99
Diademschlange 79
Diamantklapperschlange 121
Dispholidus typus 16, 31, 86
Dreiecksnatter 84
Duhol 136
Dunkler Tigerpython 25, 34

E

Echis carinatus 27
Elaphe 77
Elaphe guttata 20, 72
Elaphe obsoleta 10, 19
Elaphe obsoleta quadrivittata 70

Elaphe obsoleta spiloides 69
Elaphe schrenckii 76
Elapidae 31
Epicrates angulifer 46
Erdnatter 10, 19
Erdotter 28
Erdpython 28, 58, 59
Eunectes murinus 23, 29, 38, 40
Eunectes notaeus 23, 40

F

Falsche Wasserkobra 89
Feilennatter 23
Felsenklapperschlange 17
Felsenpython 13, 23, 50, 51
Flugschlange 19, 29

G

Gabunviper 14, 16, 20, 27, 29, 110
Gelbe Rattenschlange 19, 70
Gelber Bungar 26
Gelbe Erdnatter 70
Gewöhnliche Puffotter 26, 27
Glanzspitznatter 90
Gonyosoma oxycephala 94
Graue Erdnatter 69
Graugebänderte Königsnatter 17
Große Anakonda 23, 29, 38, 40
Grubenotter 19, 20, 23, 31
Grüne Hundskopfboa 17, 42
Grüne Mamba 17
Grüner Baumpython 31

H

Hardwicks Plumpseeschlange 138
Harlekin-Korallenschlange 100
Hochseeschlange 135
Honduras-Dreiecksnatter 84, 85
Honduras-Milchschlange 85
Hühneresser 16
Hundsboa 17, 22
Hydrophis belcheri 140
Hydrophis semperi 136

I

Indische Kobra 8

J

Jararaca 27

K

Kalifornische Berg-Königsnatter 82
Kalifornische Kettennatter 82
Kap-Baumnatter 93
Kap-Feilennatter 23
Kap-Zwergschildkobra 102
Kapkobra 16, 29
Kettennatter 82
Kettenviper 26
Klapperschlange 13, 15, 20, 27
Kobra 6, 23, 26, 31
Korallenschlange 17, 82
Kornnatter 20, 72
Königskobra 8, 12, 23, 24, 26, 27, 96, 97
Königsnatter 17, 23, 82, 83
Königspython 4, 54, 55
Königsschlange 45
Krait 26
Kreuzotter 64, 112
Kubanische Schlankboa 46

L

Lampropeltis 17, 82-84
Lampropeltis alterna 17
Lampropeltis getulus califor-niae 82
Lampropeltis mexicana 82
Lampropeltis pulchria 82
Lampropeltis pyromelana pyro-melana 82
Lampropeltis triangulum 83
Lampropeltis triangulum campbelli 82
Lampropeltis triangulum hon-durensis 84-85
Lampropeltis triangulum sina-loae 82
Langaha nasuta 28
Lanzenotter 127
Lapemis hardwickii 138
Laticauda colubrina 140

Leioheterodon geayi 92
Leptotyphlops 28
Leptotyphlops spec 34
Lianenschlange 26, 29, 93
Liebesnatter 76
Lycodono morphus 29

M

Madagaskar-Boa 48
Madagassische Rüsselschlange 92
Madagassische Erdboa 49
Malaiische Viper 27
Mamba 26, 31, 98
Mangroven-Rattenschlange 94
Mangrovenschlange 12
Mangroven-Nachtbaumnatter 29
Mehelya 23
Mehelya capensis 23
Mexikanische Königsnatter 82
Micrurus fulvius 100
Micrurus spec 17
Milchschlange 17, 83, 84
Mosambik-Speikobra 15
Mokassinschlange 13
Morelia argus variegata 57

N

Naja haje 7
Naja mossambica 15
Naja naja 8
Naja nivea 16, 29
Naja spec 23
Namibviper 18, 23, 116
Nashornviper 111
Natrix maura 64, 65
Natrix natrix 61
Natrix tessellata 62
Nattern-Plattschwanz 140
Netzpython 23, 53
Nitschesche Baumviper 131
Notechis 27

O

Ophiophagus hannah 8, 12, 23, 96
Oxybelis fulgidus 90

P

Pakistanische Diademnatter 78
Pecos-Rattenschlange 66
Pelamis platurus 29, 135
Peron-Seeschlange 137
Pfeilotter 17, 22
Pituophis melanoleucus 80
Plättchen-Seeschlange 29, 135
Ptyas 32, 74
Puffotter 29, 106, 108
Python 18, 24
Python anchietae 4, 23, 55
Python curtus 29, 56
Python molurus bivittatus 25
Python regius 4, 54, 55
Python reticulatus 23, 53
Python sebae 13, 23, 50

R

Rautenpython 57
Riesenschlange 13, 19, 20
Ringelnatter 61
Ringhalskobra 6
Russische Rattenschlange 77

S

Sandotter 115
Sandrasselotter 27
Schildkobra 103
Schildschlangen 18
Schlankblindschlange 34
Schlegelsche Lanzenotter 128
Schwarze Mamba 6, 17, 19, 26, 27, 98, 99
Schwarze Rattenschlange 19
Seeschlangen 18, 22
Sempersche Ruderschlange 136
Sibirische Rattenschlange 77
Sistrurus miliarius 122
Smaragdboa 16, 17
Spalerosophis diadema 78
Spilotes pullatus 16
Süd-Anakonda 23, 40
Sumpfotter 132

T

Taal-Seeschlange 136
Texas-Klapperschlange 13, 118
Thelotornis capensis 93

Thelotornis spec 16
Tigerotter 27
Todesotter 27, 104
Trimeresurus purpureo-maculatus 12
Tropische Klapperschlange 121
Typhlopidae 34
Typhlops 28
Typhlops schlegelii 36

V

Venezolanische Klapperschlange 119
Viper 17-18, 25, 31
Vipera ammodytes 115
Vipera berus 64, 112
Vipera russelli 26
Vipernatter 64-65
Vogelschlange 93

W

Walo Walo 140
Warzenschlange 29
Wassermokassinschlange 125
Würfelnatter 62

Z

Zornnattern 29
Zweigschlange 16, 93
Zwergklapperschlange 122
Zwergpuffotter 18, 23, 116

BILDNACHWEIS

Alle Fotos von Johan Marais, außer S. 7: Rock Mathews; S. 8: Peter Dawson; S. 9: Giraudon; S. 11, 16, 19, 28, 29 (oben): Bill Love, Glades Herpetofauna, Inc; S. 14 (oben links), 15 (rechts), 22, 23 (oben): Anthony Bannister, Anthony Bannister Library; S. 23 (unten): Rod Patterson, Anthony Bannister Photo Library; S. 39: William Holmstrom; S. 135: Dr. B. Branch; S. 136, 137, 139, 140, 141: Dr. Sherman Minton; S. 138: Wayne van Deventer.

DANK

Meinen aufrichtigen Dank sage ich Hervé Tardy für seine Unterstützung, Donald Strydom, der mir so bereitwillig die Pforten vom Swadini Reptile Park und der Nelspruit Reptile World geöffnet hat, Dave Morgan und dem Transvaal Snake Park für ihre wertvolle Hilfe, Tom Crutchfield's Reptile Enterprise, Inc. in Bushnell/Florida, für die Genehmigung ihre Schlangen benützen zu dürfen. Ferner Bill Love von Glades Herpetofauna, Inc., für die bereitgestellten Anlagen und außergewöhnlichen Fotos, Paul und Deanne Moler für die gastfreundliche Aufnahme in Florida, Crawford Coulson, der mir seltene europäische Arten beschaffte, meinem Freund John Pickett für seine Geduld, Stephen Peltz, dessen Fotostudio ich benutzen durfte, den Fotografen Bill Love, Rick Mathews, Peter Dawson, John Thornbjarnarson, Dr. Sherman Minton, Rom Whitaker, Dr. Bill Branch, Wayne van Deventer, William Holmstrom, Craig Forbes und Paul Moler, Anne Fleming für die Arbeit an diesem Buch, David und Marina Pearson für die Mitarbeit an den Texten.
Ebenso danke ich meiner Familie, meinen Freunden und allen, deren Namen ich hier vergaß. Eine besondere Dankespflicht habe ich gegenüber meiner Frau Molleen und meiner Tochter Melissa, die mich bei der schwierigen Aufgabe unterstützt und ermuntert haben.